创新基层治理论丛

陈荣卓 袁方成 主编

国家出版基金项目
NATIONAL PUBLICATION FOUNDATION

治理政治学丛书

新时代村庄选举观察：实践与表达

陈荣卓◎著

華中師範大學出版社
CENTRAL CHINA NORMAL UNIVERSITY PRESS

新出图证(鄂)字 10 号

图书在版编目(CIP)数据

新时代村庄选举观察:实践与表达/陈荣卓著. —武汉:华中师范大学出版社,2021.6

(创新基层治理论丛/陈荣卓,袁方成主编)

ISBN 978-7-5622-9437-5

Ⅰ. ①新… Ⅱ. ①陈… Ⅲ. ①村民委员会—选举—研究—中国 Ⅳ. ①D638

中国版本图书馆 CIP 数据核字(2021)第 089665 号

新时代村庄选举观察:实践与表达

责任编辑:王中宝　　**责任校对**:王　炜　　**封面设计**:胡　灿

编 辑 室:学术出版中心　　**电话**:027-67867792

出版发行:华中师范大学出版社

社址:湖北省武汉市洪山区珞喻路 152 号　　**邮编**:430079

电话:027-67863426(发行部)

传真:027-67863291

网址:http://press. ccnu. edu. cn　　**电子邮箱**:press@ mail. ccnu. edu. cn

印刷:湖北恒泰印务有限公司　　**督印**:刘　敏

字数:196 千字

开本:710mm×1000mm　1/16　　**印张**:12. 75

版次:2021 年 6 月第 1 版　　**印次**:2021 年 6 月第 1 次印刷

定价:63. 00 元

欢迎上网查询、购书

序　　言

“创新基层治理论丛”由袁方成教授和陈荣卓教授主编。我应约作序，很高兴先看了先期的4种，即《田野中国：新时代乡村治理现代化的地方探索》《新时代村庄选举观察：实践与表达》《厚植“两山”根基　共建共治共享——新时代农村社区治理现代化的安吉经验》《新时代农村社区治理：经验与效能》，论丛是关于浙江、湖北、江西、湖南等地农村基层治理的最新调研成果。当前，基层治理研究可谓繁花似锦，这套丛书称得上是其中耀眼的一束。

在2014年中央提出国家治理现代化之前十多年间，关于治理的研究已相当繁荣，“治理”名目下著述很多。若加考究，这种“繁荣”主要有两大源流：或者基于西方治理理论，或者基于乡村治理实践。前者注重引进西方治理理论，强调协同共治、多中心治理等理念方法，如世界银行、奥斯特洛姆的研究备受重视；后者注重考察世纪之交乡村现实困境，特别是广泛发生的农民问题和基层失序，致力于解决“三农”问题。这两种取向的研究，在方法、理论上有交织融合，时间上汇集新旧世纪之交，构成治理研究的壮观景象。但严格来说，这些都还不是现在的国家治理研究。

在我看来，国家治理的治理，是治国理政的治理，不是西方治理理论中的治理，也不是中国政治传统中的治理。在我的学术交往中，多位西方政治学家曾经谈到，国家治理并非学术概念，很难有相应的英文翻译。从这个意义上讲，国家治理是有中国政治特色的新概念。或者说，在当代中国的社会条件下，国家治理首先是政治概念，与中国特色政治制度的理论表达有内在联系。

乡村治理研究随着上世纪90年代中后期“三农”问题而兴起，也不是现在的国家治理研究，但这种研究比基于西方治理理论的研究更接近“国家治理”。如果追溯中央文件,最接近的概念表达是 2006 年 1 号文件提出的“乡村治理”。这个文件论述乡村治理,从党组织建设、村民自治建设和农村社会化服务组织建设三方面展开。我认为,这个文件中的“乡村治理”是政策概念,有比较清晰的政策内容,有比较明确的政策诠释。党的十八届三中全会决定中的“国家治理”则是政治概念,是党关于治国理政的纲领性表达。“国家治理现代化”,使我们更能产生联想的是 1975 年第四届全国人大上提出的“四个现代化”。“四个现代化”注重经济发展,而“国家治理现代化”注重制度体系和能力,都具有综合性和纲领性。考察中央文件的发展脉络,也许可以说,从作为政策概念的“乡村治理”,到作为政治概念的“国家治理”,有某种内在的相关性。

最近几年,国家治理研究聚集了政治学、社会学、公共管理以及相关学科的大量学者,著述汗牛充栋,谏言纷至沓来。盛况固然可喜,但也让人不无忧虑。出版发表的研究著述数量虽巨,也不乏鸿篇巨制,但水平提升并不显著。突出问题是,这些研究大都倾力于解读文件和阐发原则,倾心于描绘愿景、发表宏论,而不肯在扎扎实实的调研上下功夫。国家治理研究要出高质量成果,不能仅靠从政治高度讲原则,而要依靠深入现实生活。离开现实生活中的种种问题来讨论国家治理,立论可以高远,但很易陷入空洞。在当今社会和学术环境条件下,基层研究、微观研究比高层研究、宏观研究更容易成为实在而有深度的研究。

令人欣慰的是,近几年学界也有新气象,涌现出不少年轻学者,研究能够深入真实生活,贴近现实变化,而不是坐而论道。华中师范大学具有这方面的优良传统,大约 30 年前就对村民自治研究有重要开拓,进入新世纪以来,又有若干新贡献。在这个进程中,袁方成、陈荣卓作为学术新生代随着乡村治理研究的兴起脱颖而出,工作勤奋且成绩斐然。现在,他们领衔调研并主编这套“创新基层治理论丛”,为这个日渐兴盛的学术领域增添新成果,是对中国基层治理研究的重要推动。我对他们的努力深表赞赏并充满期待。

赵树凯(曾任国务院发展研究中心研究员,现为山东大学政治学与公共管理学院教授)

2021 年 5 月 1 日

前　言

党的十九届四中全会指出，坚持和完善中国特色社会主义制度，推进国家治理体系和治理能力现代化，必须坚持人民主体地位，坚定不移走中国特色社会主义政治发展道路，依法实行民主选举、民主协商、民主决策、民主管理、民主监督，确保人民依法通过各种途径和形式管理国家事务和社会事务。村（居）民委员会换届选举制度是从我国基层社会生长出来的民主制度，同时也在体现人民意志、保障人民权利、实现人民治理中发挥了重要作用。2010年，第十一届全国人民代表大会常务委员会第十七次会议审议通过了《中华人民共和国村民委员会组织法》，重新修订是为贯彻落实党的十七届三中全会关于“深入开展以直接选举、公正有序为基本要求的民主选举实践”的任务要求。2018年，第十三届全国人民代表大会常务委员会第七次会议决定对《中华人民共和国村民委员会组织法》作出修改，将第十一条第二款修改为：“村民委员会每届任期五年，届满应当及时举行换届选举。村民委员会成员可以连选连任。”2019年，中共中央印发《中国共产党农村基层组织工作条例》，规定党的农村基层组织应当加强对各类组织的统一领导，打造充满活力、和谐有序的善治乡村，形成共建共治共享的乡村治理格局。村党组织书记应当通过法定程序担任村民委员会主任和村级集体经济组织、合作经济组织负责人，村“两委”班子成员应当交叉任职。村务监督委员会主任一般由党员担任，也可以由非村民委员会成员的村党组织班子成员兼任。

2018年12月湖北省村和社区党组织、村（居）民委员会进行换届选举。这次换届选举以习近平新时代中国特色社会主义思想为指导，全面贯彻落实新时代党的建设总要求和新时代党的组织路线，深入学习贯彻习近平总书记关于党的建设和组织工作重要论述和视察湖北重要讲话精神，颁布了《湖北省村民委员会选举办法》《关于做好全省村和社区"两委"换届工作的指导意见》。湖北省针对新时代村（居）民委员会换届选举提出了以下指导意见：一是严格把控关键节点，依法开展村（居）民委员会换届选举。村民委员会成员由登记参加选举的村民直接选举产生；社区居民委员会成员主要采取户代表选举和居民代表选举的方式进行，有条件的地方可实行直接选举。二是严把选人用人标准，拓宽候选人来源渠道。在农村，要推荐有经济头脑和致富本领、能带领发展、有良好品行和公道之心、能促进和谐、懂农业、爱农村、爱农民的优秀人才进"两委"班子。在社区，要求选拔有担当精神、勇于改革创新、有服务意识、热心社区事务和公益事业、有协调能力、善于统筹整合资源、有治理本领、善于化解矛盾和解决问题的优秀人才进"两委"班子。三是完善创新选任机制，整体提升基层组织结构。认真落实村（社区）"两委"成员候选人县级联审机制，坚持研判、比选、联审、考察4个步骤。全面推行村（社区）党组织书记、村（居）民委员会主任"一肩挑"，积极推进村（社区）"两委"成员交叉任职，确保以市（州）为单位，村（社区）党组织书记、村（居）民委员会主任"一肩挑"比例不低于95%。

党的十八届三中全会强调全面深化改革的总目标，就是完善和发展中国特色社会主义制度、推进国家治理体系和治理能力现代化。十九届四中全会指出，推进国家治理体系和治理能力现代化是全党的一项重大战略任务。村民自治与乡村治理是国家治理体系和治理能力现代化建设的重要内容。当前，城镇化的快速发展对乡村社会带来了重要变化，其中，农村土地制度改革、农村人口流动、农村集体经济组织发展等，均为村民委员会的换届选举带来挑战，使得村民委员会换届选举过程中出现了一些新的现象、新的问题。

我们调研组的本次汇编，希望将村（居）民委员会换届选举的情况进行事实白描，展现给读者。我们认为，这些在城镇化发展过程中出现的新现象及问题是变化中的基层社会治理样态，其解决之道是乡村治理与村民自治的内在实践经验的提升，也是新时代乡村振兴的战略部署与实践，为村民自治、村委会换届选举等提供了有力支撑。课题组于2018年11月至2019年

1月赴湖北省21个村（社区）的换届选举试点开展实地驻点观察、调研。重点选取的是经济强村（社区）、经济困难村（社区）、合并村（社区）、村改社区、人口大村、房头宗族较严重的村、信访多发频发村（社区）等选情复杂村（社区）；采取的主要方式是实地观察、查阅相关换届文件资料和公告、旁听相关会议、发放调查问卷、入户走访村（居）民、实地访谈；主要针对各地换届选举的主要环节及关键节点，包括推选村（居）民委员会、登记参加选举的村（居）民、推选村（居）民代表、提名候选人、召开村民大会投票选举等环节进行调查。在此基础上形成了新时代村庄选举的全景，以期推动对新时代乡村振兴背景下的基层社会治理有更深层次的分析和认知。

目　录

第一章　湖北省村(居)民委员会换届选举:情况与建议

2018年,湖北省以习近平新时代中国特色社会主义思想为指导,全面贯彻落实新时代党的建设总要求和新时代党的组织路线,深入学习贯彻习近平总书记关于党的建设和组织工作重要论述和视察湖北重要讲话精神,把党的领导贯穿换届工作全过程,严格依法依规办事,着力选优配强村(社区)"两委"班子。全省为扎实做好各村(居)民委员会换届选举工作,根据《中华人民共和国村民委员会组织法》《湖北省村民委员会选举办法》《关于做好全省村和社区"两委"换届工作的指导意见》的文件精神,各市州以党委政府名义出台实施方案,具体落实村(居)委员会换届选举工作。为全面掌握全省村(居)民委员会换届选举情况,根据《湖北省村民委员会选举办法》《湖北省居民委员会选举办法》关于在村(居)民委员会选举中"建立选举观察员制度"的规定,省民政厅联合课题组成立观察组,于2018年11月至2019年1月对全省部分县(市、区)选情复杂的重点村(社区)和难点村(社区)的村(居)民委员会换届选举进行观察和监督。全省村(居)民委员会换届选举观察与监督的情况报告如下。

第一节　湖北省换届选举的基本情况

一、总体情况简介

本次全省村(居)民委员会换届选举观察工作的观察点由各市(州)县

（市、区）选取，重点是经济强村（社区）、经济困难村（社区）、合并村（社区）、村改社区、人口大村、房头宗族较严重的村、信访多发频发村（社区）等选情复杂村（社区）。全省共选取7个观察点21个重、难点村（社区）进行全程观察。具体观察点为：武汉市新洲区Z街道（C社区、Q社区和M村）、黄石市阳新县F镇（D村、P村、Z村）、十堰市郧西县C镇（W村、X村、J社区）、荆州市监利县H乡（H社区、G社区、Z村）、宜昌市远安县L镇（J村、P村、T村）、黄冈市麻城市L街道（X社区、H社区、G村）、孝感市大悟县H镇（J村、S村、Q村）。每个观察点选派2名观察员驻村（社区）观察，以驻点为中心，辐射周边2个村（社区），共14个村、7个社区。每个观察点观察时间30天（从选举开始到基本结束时止）。

本次观察7个观察小组均实地驻点观察村（社区）的村（居）民委员会换届选举全过程，对驻点村周边2个村（或1村、1社区）的村（居）民委员会选举的关键节点包括推选村（居）民选举委员会、登记参加选举的村（居）民、推选村（居）民代表、提名候选人、召开村民大会投票选举等进行观察。其中发放调查问卷210份，入户访谈百余次，旁听会议百余次，同时驻村观察员还查阅被观察村（社区）的选举实施方案和日程安排表等材料，观察和记录村（居）委会换届选举全过程。

从各小组驻村观察的实际情况来看，湖北省本次村（居）民委员会换届选举21个观察村（社区）均选举成功。工作整体呈现出组织重视、人民满意、联动通畅、进展有序、进步显现的良好局面。

二、观察点换届选举结果情况简介

（一）武汉市新洲区Z街道（C社区、Q社区和M村）

武汉市C社区和Q社区本次选举街道等额提名9人，9人全部当选；M村本次6人当选。三个观察点的选举结果都满足“五个确保”：确保书记主任“一肩挑”、确保党支部成员交叉任职、确保有女干部、确保过半数当选、确保街道提名人员当选。

C社区此次选举应发选票51张，实发50张，废票1张。当选成员中主任1名，副主任3名，委员5名。其中35岁以下1人，35~40岁之间2人，41~45岁4人，46~50岁2人。其中2名中专学历，1名高中学历，6名大专学历。C 社区较之上届,有一名副主任因调往其他社区,新调来一名副主任,有两名街道提名的委员,其余均是原社区干部。

表 1-1　观察点武汉市新洲区 C 社区 2018 年当选人基本信息

当选人姓名	当选职务	得票数(张)	性别	年龄(岁)	文化程度	政治面貌	原任职务
程 ZF	主任	49	男	50	中专	中共党员	主任
吴 YJ	副主任	49	女	44	中专	中共党员	副主任
江 PY	副主任	49	女	45	大专	中共党员	委员
靖 W	副主任	47	女	38	大专	中共党员	委员
汤 JX	委员	47	男	44	大专	* *	社区居民
王 YG	委员	48	男	46	大专	中共党员	委员
王 XF	委员	49	女	39	大专	中共党员	委员
胡 YP	委员	47	女	33	大专	中共党员	社区工作人员
余 HY	委员	49	女	43	高中	* *	委员

Q 社区此次选举应发 55 张选票,实发 52 张,有效票 52 张。当选人员中主任 1 名,副主任 2 名,委员 6 名。其中 20~30 岁 4 名,40~45 岁 2 名,46~50 岁 3 名。高中学历 1 名,大专学历 8 名。社区有两名委员退休,新进的两名委员是街道提名的社区干部。

表 1-2　观察点武汉市新洲区 Q 社区 2018 年当选人基本信息表

当选人姓名	当选职务	得票数(张)	性别	年龄(岁)	文化程度	政治面貌	原任职务
李 MS	主任	51	男	48	大专	中共党员	主任
李 JS	副主任	52	男	50	高中	中共党员	副主任
刘 R	副主任	51	女	43	大专	中共党员	副主任
祝 GQ	委员	52	男	48	大专	中共党员	委员
王 Y	委员	51	女	28	大专	中共党员	委员
李 XY	委员	50	女	40	大专	中共党员	委员
高 M	委员	51	女	23	大专	* *	社区居民
谢 MJ	委员	51	女	28	大专	中共党员	委员
霍 D	委员	48	女	28	大专	* *	社区居民

M村此次选举应发选票1761张，实发1761张，收回1760张，其中有效票1727张，空票21张，废票12张。较之上届村委会成员，本届多了一个指标。当选成员中主任1名，委员5名，其中1名女委员。25～30岁3人，50～60岁3人。因上届村委成员退休和新添指标，本次新增加三名新委员。

表1-3　观察点武汉市新洲区M村2018年当选人基本信息表

当选人姓名	当选职务	得票数（张）	性别	年龄（岁）	文化程度	政治面貌	原任职务
朱BS	主任	1628	男	56	大专	中共党员	主任
喻YM	委员	1665	女	28	大专	中共党员	委员
程XM	委员	1493	男	52	大专	中共党员	委员
姚YQ	委员	1302	男	28	大专	中共党员	村民
程M	委员	1262	男	28	大专	**	村民
程BC	委员	1257	男	50	大专	中共党员	村民

从武汉市新洲区邾城街道三个观察点的换届选举的结果来看，年轻人比例增加，高学历比例增加。C社区和Q社区的女干部达到66.7%，40岁以下的年轻干部各占33.3%、44.4%，其中Q社区新当选委员中有4名“90后”年轻女干部；大专学历各占66.7%、88.9%。而M村的当选成员中“90后”村干部占50%，大专学历达100%，村干部的能力、素质和学历结构都在不断提升。

（二）黄石市阳新县（Z村、P村、D村）

观察点黄石市阳新县的Z村、P村和D村选举结果均实现了村党组织书记和村委会主任“一肩挑”、村“两委”成员交叉任职的目标，且新一届村民委员会中都至少有一位妇女委员。同时由于该县为重点贫困县，外出务工人员众多、村民文化素质不够高和实际指导村民委员会换届选举工作的人员有限等原因，在一些具体工作上出现一些问题，组织不力，因此仍需在村民思想政治教育、村民委员会换届选举指导人员结构优化、地区经济发展与村能人引进等方面不断改进提升。以下是三个观察村新一届村民委员会成员当选统计情况：

表 1-4 观察点 D 村第十届村民委员会成员当选情况

当选职位	当选人姓名	得票数(张)	是否为候选人	性别	年龄(岁)	文化程度	政治面貌	原任职务
主 任	柯 RZ	1122	是	男	49	大专	党员	书记
副主任	刘 GQ	1140	是	男	32	大专	党员	委员
委 员	柯 AJ	1156	是	女	52	高中	党员	委员
委 员	柯 YY	1131	是	男	43	大专	党员	委员
委 员	柯 T	851	是	男	27	大专	党员	无

表 1-5 观察点 P 村第十届村民委员会成员当选情况

当选职位	当选人姓名	得票数(张)	是否为候选人	性别	年龄(岁)	文化程度	政治面貌	原任职务
主任	刘 GB	1463	是	男	52	高中	党员	书记
副主任	刘 YB	1482	是	男	46	大专	党员	副主任
委员	刘 GP	1413	是	男	41	大专	党员	副主任
委员	柯 YQ	1430	是	男	34	大专	党员	村会计
委员	易 XH	1394	是	女	50	高中	党员	计生委员

表 1-6 观察点 Z 村第十届村民委员会成员当选情况

当选职位	当选人姓名	得票数(张)	是否为候选人	性别	年龄(岁)	文化程度	政治面貌	原任职务
主任	胡 KW	688	是	男	46	中学	党员	主任
副主任	邹 SH	689	是	男	44	中学	党员	副主任
委员	胡 SY	727	是	女	42	中学	党员	委员
委员	柯 XF	646	是	女	33	中专	群众	无
委员	赵 F	411	是	女	28	中专	群众	无

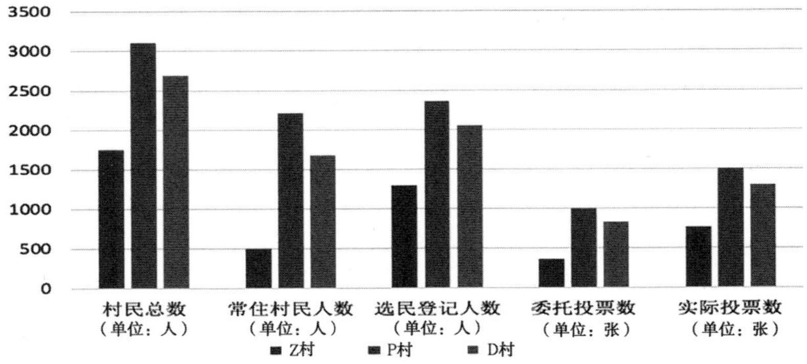

图 1-1　黄石市阳新县观察点换届选举关键数据对比图

(三)十堰市郧西县C镇(W村、X村、J社区)

十堰市郧西县城关镇W村、X村、J社区的换届选举工作自2018年11月5日启动,依次进行了推选产生村(居)民选举委员会、选民登记、推选村(居)民代表、提名候选人等前期准备阶段,于12月15、16日召开第十届村(居)民委员会换届选举大会。如表1-7所示,W村和X村参加选举大会人数超过选民登记人数,村民到会率良好,这说明了W村和X村群众参与此次换届选举的积极性很高。

表 1-7　观察点十堰市郧西县换届选举数据

单位	选民登记人数(人)	参加选举大会人数(人)	委托投票人数(人)	实际参加选举人数(人)	大会发出选票(张)	大会收回选票(张)
W村	927	1086	564	1650	1650	1643
X村	945	1050	28	1078	1078	1055
J社区	2289	76	0	76	76	76

从表中可以看出,根据《湖北省村民委员会选举办法》第二十九条"登记参加选举的村民过半数投票,且收回选票数等于或少于发出选票数的,选举有效"和《湖北省居民委员会选举办法》第二十九条"登记参加选举的居民、户代表过半数或者三分之二以上的居民代表(含驻社区单位代表)参加投票,且收回选票数等于或者少于发出选票的,选举有效"规定,W村和X村均达到此规定,选举合法有效。

按照《湖北省村民委员会选举办法》第三十条"候选人或者参选人获得参

加投票的村民过半数选票,始得当选”和《湖北省居民委员会选举办法》第三十条“候选人获得参加投票的居民、户代表或者居民代表(含驻社区单位代表)过半数选票,始得当选”的规定,从表1-7和图1-2、图1-3、图1-4对比可以看出,候选人均已获得村民半数选票,符合法定要求,成功当选。图1-2、图1-3、图1-4分别是W村、X村和J社区候选人的最终得票和当选情况:

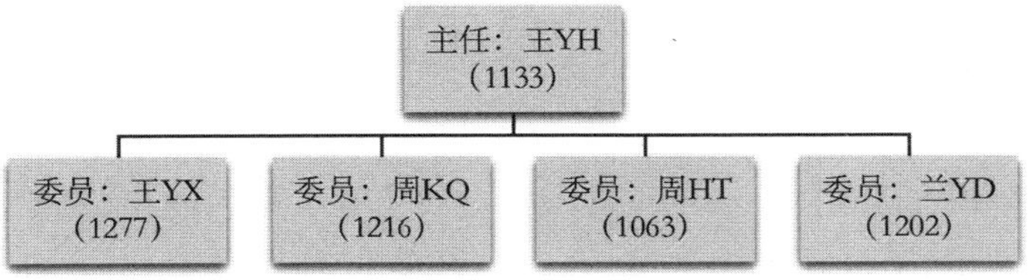

图1-2　12月15日W村换届选举大会候选人得票和当选情况(单位:张)

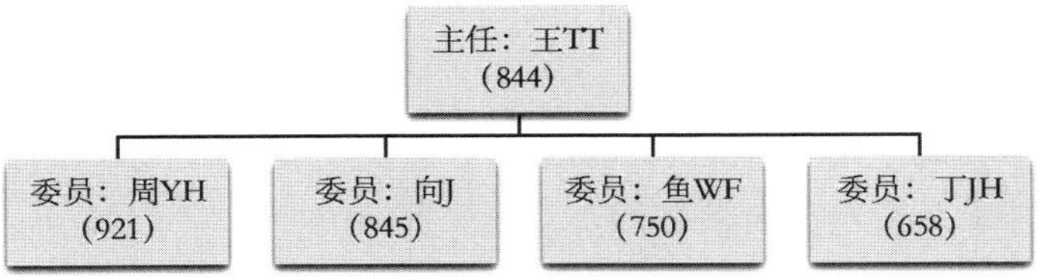

图1-3　12月16日X村换届选举大会候选人得票和当选情况(单位:张)

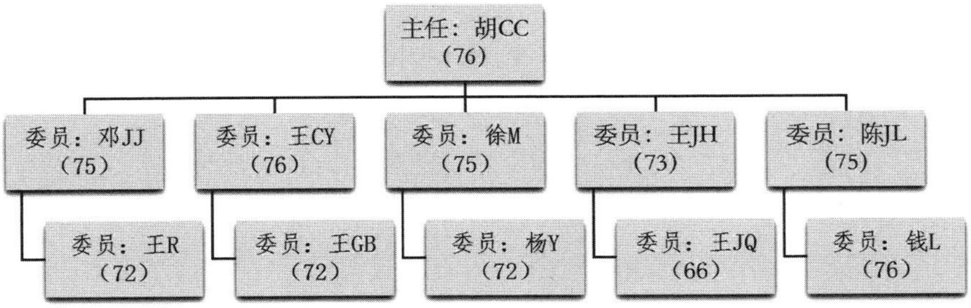

图1-4　12月15日J社区换届选举大会候选人得票和当选情况(单位:张)

在整个换届选举过程中,十堰市郧西县各观察点始终以《中华人民共和国村民委员会组织法》《湖北省村民委员会选举办法》《湖北省居民委员会选举办法》为法律制度遵循,推选选举委员会、选民登记、推选村(居)民代表、提名候选人、召开选举大会等关键环节都已具体落实,做到了规定环节不减、法定程序不少,依法依规地推进村(居)民委员会换届选举。严格遵循会议决策制度,充分体现民主集中制原则,基本形成“开会讨论确定→发布会议讨论通过结果→进行相应阶段工作→报镇党委→发布阶段工作结果”工作机制。并且所有工作结果均已张贴公告,告知村民。在换届选举大会现场,所有程序环节在群众的监督下进行,公开透明,公平公正,选举结果合法有效。

(四)荆州市监利县 H 乡(H 社区、G 社区、Z 村)

监利县为加强村民委员会班子建设,选优配强村民委员会带头人,指导村民委员会依法依规开展换届选举工作,根据《中华人民共和国村民委员会组织法》《中华人民共和国城市居民委员会组织法》《湖北省村民委员会选举办法》和《湖北省城市居民委员会选举办法》有关规定,结合全县村民委员会实际,制定出相关文件,H 乡进一步制定具体方案,各项工作依据相关文件方案有序开展。

总体来看,监利县 H 乡村(居)民委员会换届选举工作按照《湖北省村民委员会选举工作指南》进行,坚持公开、公正,根据直接差额选举和无记名投票相结合的原则,选出了一批政治立场坚定、勇于开拓创新的村干部。具体选举结果及村干部名单如表 1-8 所示。

表 1-8　监利县 2018 年观察点村(社区)村(居)委会换届选举结果

<table>
<tr><th rowspan="2">单位</th><th rowspan="2">选民人数(人)</th><th rowspan="2">参选人数(人)</th><th rowspan="2">发出票数(张)</th><th rowspan="2">收回票数(张)</th><th rowspan="2">有效票数(张)</th><th colspan="2">主任候选人</th><th colspan="2">副主任候选人</th></tr>
<tr><th>姓名</th><th>得票数(张)</th><th>姓名</th><th>得票数(张)</th></tr>
<tr><td rowspan="3">G 社区</td><td rowspan="3">2283</td><td rowspan="3">2283</td><td rowspan="3">1630</td><td rowspan="3">1630</td><td rowspan="3">1466</td><td>游 ZB</td><td>1340</td><td>罗 YF</td><td>1125</td></tr>
<tr><td rowspan="2">李 BQ</td><td rowspan="2">126</td><td>李 HP</td><td>1246</td></tr>
<tr><td>孙 CF</td><td>554</td></tr>
<tr><td rowspan="5">H 社区</td><td rowspan="5">2656</td><td rowspan="5">2656</td><td rowspan="5">2656</td><td rowspan="5">2656</td><td rowspan="5">2623</td><td rowspan="3">夏 HM</td><td rowspan="3">2168</td><td>刘 XP</td><td>2022</td></tr>
<tr><td>夏 XC</td><td>2010</td></tr>
<tr><td>周 HY</td><td>2118</td></tr>
<tr><td rowspan="2">赵 XP</td><td rowspan="2">389</td><td>罗 ZQ</td><td>1980</td></tr>
<tr><td>彭 XL</td><td>378</td></tr>
<tr><td rowspan="3">Z 村</td><td rowspan="3">2258</td><td rowspan="3">2090</td><td rowspan="3">2090</td><td rowspan="3">2090</td><td rowspan="3">2000</td><td rowspan="2">曾 NS</td><td rowspan="2">1420</td><td>夏 GQ</td><td>1334</td></tr>
<tr><td>李 BX</td><td>1321</td></tr>
<tr><td>曾 DW</td><td>500</td><td>姜 P</td><td>450</td></tr>
</table>

(五)宜昌市远安县L镇(J村、P村、T村)

观察点宜昌市远安县L镇村(居)民委员会换届工作从2018年10月26日启动到12月15日完成,先后完成了动员培训、推选村(居)民选举委员会和选举监督委员会、登记选民、推选村(居)民代表、提名推荐初步候选人、审查确定正式候选人、组织正式候选人开展竞职活动、召开村(居)民选举大会等阶段任务。其间,观察点所在的L镇应登记选民23322人,实登记选民18561人,登记选民率达80%,实登记参加选举的户代表245人;推选产生村民代表444人、居民代表563人、驻社区单位代表10人,经村(居)民选举大会产生村(居)民委员会成员65人,其中女性27名,占比41.5%。

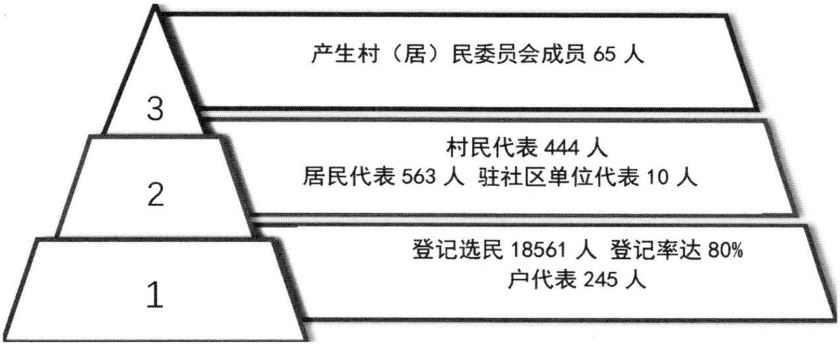

图1-5　L镇村(居)民委员会换届选举部分数据展示图

三个观察村的换届选举在L镇党委政府统一指导下,均实现了书记和主任"一肩挑"以及"两委"交叉任职的目标,产生了新一届的村民委员会。

表1-9　观察点宜昌市远安县J村当选人员情况表

当选人姓名	当选职务	得票数(张)	是否为候选人	性别	年龄(岁)	文化程度	政治面貌	原任职务
付CQ	主任	1081	是	男	41	大专	党员	主任
陈DQ	委员	1117	是	男	43	初中	预备党员	治调委员
陈DH	委员	1069	是	女	41	大专	党员	财经委员
文ZH	妇女委员	923	是	女	44	大专	党员	妇女委员

表 1-10　观察点宜昌市远安县 P 村当选人情况表

当选人姓名	当选职务	得票数(张)	是否为候选人	性别	年龄(岁)	文化程度	政治面貌	原任职务
罗 CY	主任	884	是	男	33	高中	党员	主任助理
胡 YQ	委员	919	是	男	34	高中	党员	财经委员
胡 CY	委员	867	是	男	32	高中	党员	主任助理
张 SJ	妇女委员	738	是	女	57	高中	党员	妇女委员

表 1-11　观察点宜昌市远安县 T 村当选人情况表

当选人姓名	当选职务	得票数(张)	是否为候选人	性别	年龄(岁)	文化程度	政治面貌	原任职务
王 CP	主任	499	是	男	55	高中	党员	主任
罗 WJ	委员	432	是	男	35	大专	党员	治调委员
陈 KM	委员	408	是	男	60	高中	党员	财经委员
向 XL	妇女委员	453	是	女	31	高中	党员	妇女委员

（六）黄冈市麻城市 L 街道（X 社区、H 社区、G 村）

观察点黄冈市麻城市 L 街道的书记为上一届连任，工作经验丰富。按湖北省《关于做好全省村和社区“两委”换届工作的指导意见》要求，确保以市（州）为单位，村（社区）党组织书记、村（居）民委员会主任“一肩挑”比例不低于 95%，麻城市出台《关于做好 2018 年全市村（社区）“两委”换届选举工作的通知》，其中严格实行村（社区）“两委”成员交叉任职和主职“一肩挑”，“一肩挑”比例不低于 95%。本次麻城市 L 街道三个观察点的村（居）民委员会换届选举均实现书记主任“一肩挑”，且均为连任，同时，实现委员交叉任职。各地党委成员当选为村（居）委会成员的比例达到 100%。

表 1-12　黄冈市麻城市观察点换届选举基本信息表

单位	登记选民人数(人)	村(居)民代表数(人)	委托投票数(张)	实际投票数(张)	有效票数(张)
X 社区	9793	79	0	77	77
H 社区	6267	51	0	51	51
G 村	1136	29	556	402	862

(七)孝感市大悟县 H 镇(J 村、S 村、Q 村)

观察点孝感市大悟县 H 镇于 2018 年 12 月 17 日全面完成了 10 个行政村的村民委员会换届选举,全镇共产生新一届村“两委”成员 47 人,其中党支部委员 30 人,村委会成员 42 人(含交叉任职 25 人),相比换届之前,共增加干部 13 人;村干部平均年龄从 53.5 岁下降至 45.3 岁;初中及以上学历人数增至 19 人。

本次选举所观察的三个村都成功选出了新一届村委会成员,J 村村民选举委员会和选举监督委员会共 14 人,新产生的村民代表 46 人,通过本次选举选出了村民委员会主任 1 人,副主任 4 人,委员 0 人。S 村村民选举委员会和选举监督委员会共 10 人,新产生的村民代表 38 人,通过本次选举选出了村民委员会主任 1 人,副主任 1 人,委员 1 人。Q 村村民选举委员会和选举监督委员会共 12 人,新产生的村民代表 25 人,通过本次选举选出了村民委员会主任 1 人,副主任 3 人,委员 0 人。

表 1-13　观察点孝感市大悟县村选委会、监委会以及新选村民代表数

单位	选委会人数(人)	监委会人数(人)	新选村民代表数(人)
J 村	9	5	46
S 村	7	3	38
Q 村	7	5	25

观察点孝感市大悟县各村选举圆满完成,促进了政治精英的流动和村干部的年轻化。整个选举过程没有出现违法行为,各村选举工作平稳推进,县、镇、村各级对选举工作都比较重视,对观察员的工作积极支持和配合。更多的年轻力量、乡贤能人、致富能手进入了村民委员会,为村庄的未来建设和发展建言献策,贡献出自己的力量。本次选举大获成功,取得了不错的成效。

第二节　湖北省换届选举的主要做法

(一)严密工作部署,形成上下联动机制

村(居)民委员会换届选举工作是一项发扬基层民主,保障民众享有民主权力的重要工作。针对该项工作,省委、省政府相继出台《湖北省村民委

员会选举办法》《湖北省居民委员会选举办法》《关于做好全省村和社区“两委”换届工作的指导意见》等一系列政策文件进行高位部署，统筹谋划我省村（居）民委员会换届选举工作。各地均严密进行村（居）民委员会换届选举工作部署，形成了上下联动的动态工作机制。

一是宏观布局，成立专班，总体把控。从各观察点情况来看，我省各县（市、区）均把村（居）民委员会换届选举工作纳入重要议事日程。为保障村（居）民委员会换届选举工作有序进行，落实各级文件精神，确保各项工作能够平稳开展，各市市委组织部、市民政局、各县县委组织部、县民政局提前进行摸底调查，各地市州各级领导多次到各村（社区）换届选举工作现场开展督查与指导工作。各地区均根据村（居）民委员会换届选举的工作要求，成立村（居）民委员会换届选举专项工作小组，强化统筹安排。观察发现，部分地区对情况复杂村（社区）派专班成员驻村进行督导。各乡镇均成立了换届选举工作专班，主要领导亲自负责，抓好工作落实。例如武汉市新洲区邾城街道针对难点村成立街道换届选举工作组。邾城街道 M 村此次选举除驻村干部外，街道党组织专门成立工作组，根据村书记的需要派人协助工作。在提名候选人环节，街道办来了 19 人，除了 3 位领导，还有一个小组长和一名街道办工作人员组成一个工作组进行选票的发放。再有就是选举大会，街道派 15 人，除巡视人员，每个选区派 2 人协助发放选票、收取选票并讲解填写规则。街道换届选举工作组在维持选举秩序、讲解选举规则等方面发挥了重要作用。

二是出台工作实施方案，细化工作流程。由驻村观察情况来看，各观察点所在的市（区、县）、乡镇都以党委、政府名义出台了深入推进村（社区）两委换届选举的工作方案或实施方案，大部分地区同时做了大量的宣传工作，形成了上下衔接联动的工作机制。例如孝感市大悟县颁布《关于印发〈2018 年大悟县村（社区）“两委”换届工作实施方案〉的通知》，大悟县 H 镇同时颁布了《关于印发〈2018 年 H 镇第十届村党支部换届选举工作实施方案〉的通知》文件；观察点宜昌市远安县 L 镇党委政府统一部署，逐村落实了换届选举指导人员，三个观察村均在乡镇换届选举指导组成员的指导下，由村委会成员主持成立了换届选举工作机构并开展了宣传培训活动。

三是建立多重交流平台，不断沟通相关情况。为做好此次换届选举工作,很多观察点专门建立村书记工作 QQ 群和微信群,一是为指导帮助解决各个村在换届选举中遇到的程序和政策不清的问题,二是便于村与村之间、社区与社区之间就换届选举中的问题进行充分交流与互相监督。例如观察点荆州市监利县 X 村采取会议动员、村村响、QQ、微信、电话联系、上门走访等方式广泛宣传发动,刷写标语 30 多条,电话、网络联系 2100 多人次,在村民之间营造出积极主动参与投票的民主氛围,动员村民行使自己的民主权利。村民大会选举时,在外务工的部分村民接到通知后,提前一天赶回村里,准时参加选举大会。在外务工回村参加投票的村民有 50 多人。

(二)认真摸清换届底数,营造浓厚选举氛围

2018 年全省村(居)民委员会换届选举各县(市、区)以乡镇(街道)为单位,对村(社区)数量及“两委”班子建设状况进行一次“拉网式”调查摸底,做到了“四个摸清”:摸清应换届村(社区)的数量,摸清村(社区)“两委”班子成员年龄、性别、学历、来源结构、工作状况及群众满意度等情况,摸清哪些可以继续留任、哪些需要及时调整等情况,排查确定重点、难点村(社区)并找准存在的突出问题,综合研判换届中可能出现的不稳定因素。其中突出做法为:

一是抓好宣传动员,严控资格条件。2018 年,全省村(居)民委员会换届选举工作均与党的群众路线、党员志愿者服务活动、万名党员干部结对帮扶万名困难党员群众活动、律师进村(社区)活动等相衔接,抓住有利时机,采取登门拜访、法制宣传、电话短信联络、解决家庭困难、搭建创业平台、开展法律咨询等方式,认真细致地做好宣传动员和矛盾纠纷排查化解工作,引导和鼓励各类优秀人才积极参选。对符合条件、有参选意愿的人员,以乡镇(街道)为单位,分别建立基本情况信息库,为换届选举做好人才储备工作。均注重选拔有政治觉悟和奉献精神、能带来希望,有经济头脑和致富本领、能带领发展,有良好品行和公道之心、能带出和谐,懂农业、爱农村、爱农民的优秀人才选进村(居)委会班子。例如,宜昌市远安县印发《致村民的选举公开信》,张贴标语,悬挂横幅,举办专栏,营造浓厚的选举工作氛围。由镇考察指导组对村民选举委员会成员、村民选举监督委员会成员、村民小组长、选民登记员和相关工作人员进行业务培训,使其充分了解村民委员会换届选举的政策法律规定,熟悉选举工作的程序,掌握具体的操作方法。

二是建立负面清单,优化班子结构。全省各观察点均对不宜作为村(居)民委员会候选人的,提出了负面清单。各地结合实际,细化村(居)民委员会成员的正面清单和负面清单,守住选人的"底线"。各地按照"三个区分开来"要求,参照《湖北省受处理处分干部教育管理使用暂行办法》规定,对受撤销党内职务及以上党纪处分、受撤职及以上政务处分以外的其他受处理处分人员,能否推荐提名为候选人,均做出了审慎的研究决定。同时,按照选举办法,全面推行村(社区)党组织书记、村(居)民委员会主任"一肩挑",推进村(社区)"两委"成员交叉任职,村(社区)党组织书记、村(居)民委员会主任"一肩挑"比例不低于95%的原则,优化"两委"班子结构。同时提出"至少一名经济能人、一名高中(中专)以上学历、一名35岁以下干部和一名妇女干部" 以及"两个100%覆盖、一提高"的目标要求,把好村支书、村委主任候选人关,积极引导群众选出组织认可、群众基础好的干部。

三是营造浓厚选举氛围,努力提高群众参选意愿。换届选举是基层群众参与基层民主政治的一件大事,群众的积极性及参与度在整个换届选举工作中起着至关重要的作用,为了做好此次换届选举工作,多数观察点都采取多种方式广泛宣传,努力营造浓厚的选举氛围,充分保障了村民的知情权和参与权。制作宣传标语、宣传条幅是典型的工作宣传方式,部分观察点在此基础上做出了一些新颖、切合实际、行之有效的宣传方式。例如十堰市郧西县X村充分发挥村内老教师、书法爱好者的优势,采取传统手写方式制作条幅,并且在选举大会现场,用毛笔撰写大会议程事项,这种手写方式不仅在方式方法上显得很新颖,而且给村民的心理上带来一种亲切感,在某种程度上也是促进了村民参与选举的积极性。观察点采用不同的宣传方式,让群众了解此次换届选举工作的重要性,充分调动群众的积极性和主动性,更是为组织各种会议积累群众基础。

(三)严格换届选举程序,依法依规进行选举

在这次换届选举工作中,全省各观察点均认真贯彻《村民委员会组织法》《湖北省村民委员会选举办法》等相关法律法规。

一是把握关键节点,创新相关流程。本次村民委员会换届选举,全省各观察点均严格按照《中华人民共和国村民委员会组织法》和《湖北省村民委

员会选举办法》的有关规定组织实施。村民委员会成员由登记参加选举的村民直接选举产生。对于推选村民选举委员会和村民选举监督委员会召开第一次会议、第二次会议、登记参加选举的村民名单、审核发证、召开选举委员会第三次会议、推选村民代表、确定职数、候选人条件及产生方式、提名产生候选人初步人选、确定正式候选人等关键环节,均做到规范有序。例如武汉市新洲区Z街道在社区居委会换届选举时采用分组计票方式,节约了时间,每次计票社区都采取由一人数相同票(即与推荐名单一致的票),只唱不一样的票(与推荐名单不一致的票),简便快捷;而M村为节省时间,在村小学教室专门选一个教室,将前后黑板共分成4块,将选委会、监委会以及小组长分成4组,分别唱票,最后汇总。

二是召开选举大会,做到稳定有序。为了选举工作规范有序,全省各观察点均统一印制了村民直接提名票、选民登记表、选民证、候选人提名表、委托投票证、选票等。各观察点召开选举大会,组织选民到选举大会会场进行投票,选民持选举证和委托投票证参加投票选举。正式选举时,各观察点投票的选民(含委托票)均超过登记选民的半数。各选举大会由村民选举委员会组织和主持。各选举大会主要按如下程序进行:①清点到会人数,有登记参加选举的村民过半数投票,选举有效;②宣布大会开始,宣讲选举纪律;③奏国歌;④宣读本届村民委员会选举办法,报告本次选举工作进展情况;⑤提名和通过选举工作人员;⑥检查并密封票箱;⑦启封、清点选票;⑧讲解选票;⑨验证发票、秘密划票、投票、销毁剩余选票、集中票箱,清点检验选票、填写点票结果报告单;⑩总监票人报告点票结果;⑪唱票、计票;⑫当场公告投票选举结果;⑬封存选票,填写当选结果报告单;⑭宣布当选名单;⑮颁发《当选证书》;⑯当选人表态发言;⑰通过村民会议拟授权村民代表会议讨论决定的事项;⑱大会结束,发布当选人名单公告。在提名候选人和正式选举时,各镇党委都组织工作人员到村(社区)指导、帮助、协调、监督,有效推动了选举工作的正常进行,整个选举规范有序。

(四)完善监督机制,保障公开透明

一是严格公示告知窗口,保障结果公开透明。换届选举是关系民计民生的政治大事,与群众的切身利益紧密相关,因此,让老百姓知晓换届选举的每一个步骤、每一个阶段的结果是提高群众参与积极性的基础和前提。

观察点十堰市郧西县W村、X村、J社区严格落实会议决策制度,按时将每一阶段的工作结果以公告的形式张贴于村内人口密集的地方,形成了"会议决策→公告安排→推进程序→公示结果"工作机制,充分尊重和保障了群众的知情权,特别是在选民登记名单公示后,村民可以通过张贴的名单知道自己是否在选民登记名单内,是否去参加选举大会。同时十堰市郧西县观察点在每个程序进行前后,都会发布相应公告,形成工作安排告知与结果发布相结合的信息公开机制,截至换届选举大会结束,观察点均张贴公告13个。通过发布公告的形式,将选举的每个环节及时公示出来,让群众了解每个流程,知道每个程序,此举有两点好处:一是充分尊重和保障了选民的知情权和参与权;二是在某种程度上起到了群众监督作用,有利于选举委员会及整个换届选举工作的逐步改进。

二是完成离任审计,防止带病上岗。各地均坚持先审计再换届的原则,县(市、区)、乡镇(街道)要组织纪检、财政、审计等部门对村(社区)财务进行认真清理,开展村(社区)干部任期和离任经济责任的专项审计,对审计中发现的问题,要按照有关规定及时进行处理。审计结束后,及时发布审计结果,接受群众监督。同时开展对村(居)民委员会成员全面考核和民主测评,通过走访座谈党员群众,准确掌握村(社区)班子及其成员在本村(社区)党员群众中的认可度,做到心中有数,为新一届村(居)民委员会换届选举创造有利条件。

第三节　湖北省换届选举中的重难点

(一)换届选举均有序进行,但整体呈现地区差异

从本次村(居)民委员会换届选举7个观察点的整体情况来看,均平稳有序进行,但各地村(居)民委员会换届选举工作的效果呈现地区性差异。主要表现在各地对村委会换届选举的组织力度、参与范围、规范程度等方面,以各县(市、区)之间的差异较为明显,每个县(市、区)的实际情况、选情研判、实施方案及选举进度等方面都各不相同。

一是部分地方情况平稳,但缺乏系统性安排。从本次换届选举各观察点来看,少数乡、镇领导干部对村级组织换届选举工作的复杂性和艰巨性认

识不够充足,对基层情况缺乏深入的调查研究,对《中华人民共和国村民委员会组织法》《湖北省村民委员会选举办法》学得不够、不深,宣传发动群众不够充分,对农民的思想教育和法制宣传教育抓得不够到位,致使个别村在选举中出现一些问题,影响了换届选举。

二是选举工作经验不足,缺乏准确性判断。据参与本次换届选举工作驻村观察组观察员反映,多数参与村(居)民委员会换届选举工作的人员对于换届选举工作经验不足,乡、镇个别领导在指导村级换届选举中不能很好地结合本地实际,制定出针对性较强的操作办法,在具体实施中存在把关不够严谨、组织不够严密的问题,致使一些政策、法律规定在执行中流于形式,影响了村(居)民委员会换届选举的公正性、严肃性。

三是指导换届选举人员不足,缺乏稳定性布置。在本次村(居)民委员会换届选举观察点,有部分乡镇换届选举指导工作实行"责任村"机制,即每个镇领导干部都要分别负责一个村,每个村都有至少一位干部负责指导,但全镇的日常指导工作几乎都由镇民政办公室主任一人进行,乡镇民政办公室主任要负责全镇的民政工作又要直接指导全镇各村的换届工作,还要专门负责一个责任村的换届选举指导工作。基层工作人员数量明显不足,影响换届选举工作稳定进行。

(二)换届选举关键程序完整,但规范性欠佳

《中华人民共和国村民委员会组织法》《湖北省村民委员会选举办法》在实施中缺乏一套有效的监督制约机制,一些相关的实施细则缺乏操作性,致使部分地区选举流程缺乏规范性。村民选举委员会的产生、选举宣传、登记参加选举的村民、提名确定候选人、选举竞争、投票选举、选举后续工作、村民委员会成员的罢免和补选是村民委员会换届选举的必要流程,但从观察点的反馈情况来看还存在部分流程有待规范的问题。

一是部分地区选民登记环节不扎实。选民登记是整个换届选举的基础性工作,也是其中最为关键性的一步,其中所采集的数据在整个换届选举中至关重要。只有将选民登记工作做扎实,才能为推选村民代表、提名候选人、选举大会打好基础,便于后期各项会议组织以及后续工作开展。根据《湖北省村民委员会选举办法》第十三条"户籍在本村,人不在本村居住的村民,经村民选举委员会告知后,本人表示不参加选举的或是十日内不答复

的,不列入参加选举的村民名单”的规定,村民选举委员会应当在选举前对这些人采取多种方式告知选举事项,如果本人明确表示不参加此次选举,可以将其从选民名单中剔除,即对于那些外出务工人员,选举委员会应采取电话、短信等多种方式告知本人,询问是否参加此次选举或是委托投票。这样的办法既充分尊重了选民意愿,也在一定程度上确保了整个换届选举过程顺利进行及选举大会的顺利召开。部分地区选民登记出现遗漏,观察点黄冈市麻城市X社区以居民小组为单位设置登记站,通知居民到站登记,但在随机的走访调查中,有些居民表示没有人通知自己选民登记一事,也不了解自己是否为选民。观察点十堰市郧西县W村在选民登记时将所有符合选举权条件的村民都进行了登记,但在前期没有与外出人员取得联系,询问对方是否参加此次选举,这为推选代表、提名候选人造成了一定程度上的困难。直到距离选民登记工作仅剩一天的时候,才在郧西县换届领导小组办公室的指导下,由选举委员会、监督委员会、村民小组长逐个入户核实具体参加选举人数,对出现的问题及时进行了整改。

二是部分地区委托投票环节不规范。各村选举委员会成员在选举大会的前期召开的筹备会议认真研究了投票选举的各个环节,对选举委员会成员进行了责任分工,提前印制了选票,确定了选举大会的具体时间、地点,布置选举会场,准备了投票使用的物品,安排、培训会场工作人员。但部分观察点在选举大会当天,即使会议开始已经对投票方式和流程做了详尽的介绍,在发放选票之后村民还是显现出无所适从,不知从何填起的情况,往往因为看不懂选票,不清楚填写方法,而互相讨论,由身边的人一人多票代写代投,同时由于符号不规范而造成的废票弃票较多、求助于工作人员代本人填写多张选票现象较为严重。部分村民由于受到文化程度的限制,或者缺少法律意识等原因,忽视或者完全意识不到自己的权利。

三是部分地区计票环节不规范。在多个观察点均发现存在计票环节不规范的情况。有观察点在推选选举委员会和监督委员会时,没有具体的监票人、唱票人和计票人,监委会、选委会成员的计票都是由一人(社区干部)计票,旁边有个监票人员。而且在统计票数初期,没有检查有效票和无效票,有的唱票过程被糊弄过去。

四是部分地区推选候选人较为敷衍。一是提名候选人追求速度。为追求效率,部分观察点提名候选人多以小组为单位,由各组组长、代表带头提名,基本不涉及普通居民。二是候选人退选造成等额选举。观察点黄冈市麻城市 H 社区的主任和副主任候选人放弃竞选后,因没有适合的替补人员,实际为等额选举。三是正式候选人产生后宣传不足。各观察点在产生正式候选人后,没有积极宣传候选人情况,居民对于新提名的候选人不够了解,影响后期的选举。

五是部分地区选举大会秩序混乱。一是发放选票没有名单,难以核对身份。少数村(社区)在发放选票时都没有选民名单,选举证上也没有选民编号,无法确认选民身份,容易出现代领选票现象。一些观察点选举大会当天收回的选民证不足一半,发放选民证仅为形式。二是写票环节不保密,影响选举结果。部分观察点在选举大会现场并未设置秘密写票处,多名选民同时写票,完全公开,保密工作不到位,影响选举结果。三是工作人员不熟悉选举规则,造成计票混乱。观察点黄冈市麻城市 X 社区选举大会当天实到居民代表 77 人,但由于唱票人员不了解唱票规则,没有发现无效票,导致唱票环节较为混乱。

(三)换届选举顺利进行,但参与程度仍有欠缺

民主需要法制来保证。做好村(居)民委员会换届选举工作,既要充分发扬民主,又必须自始至终地依照法定程序办事,但随着城镇化速度加快,城乡流动人口大量增加,村(居)民委员会换届选举难度相应增加,在本次换届选举驻村观察的过程中,发现选举参与率仍有待提高。

一是村级后备干部储备不足,难以完成"两委""血液"更新。一些村党支部书记、主任长期以来怕大权旁落不愿培养发展新党员,不敢使用有能力的年轻人,"近亲繁殖"发展自己亲属或亲近的人,大批农村青年得不到党组织及时有效的培养教育,造成农村党员队伍后继乏人;大批年富力强、头脑灵活、文化素质较高的青壮年和经济能人都在外地务工、经商,也给村干部的选举配备带来了一定的难度。例如部分观察点,村主职干部的工作年限都在 20 年以上,个别人达到了 30 年。尽管省级部门提出了 40% 左右的调整面要求,由于村中年轻人少,愿意做村干部的人不多,因此从推选出的候选人情况来看,个别观察点的村"两委"干部在此次换届选举过程中基本没有出现人员变动,没有新鲜血液加入。

二是村民选举能力不足,参与意识不够。本次村(居)民委员会换届选举各观察点在换届选举大会当天,均按照会议流程,首先宣读选举办法,通过选举大会总监票人、监票人,其次宣布选举大会计票人及工作人员名单,分发选举证,发选票,除了现场的投票箱外,还设立了流动票箱进行投票,收齐选票后现场唱票,计票,并发布选举结果。但仍存在着村民选举能力不足、参与意识不够、投票能力欠缺等问题。例如在监利县 Z 村就存在不同程度的代投弃投现象,会议现场略显混乱。有些村民不会写字,就由旁人代为投票,对投票结果也漠不关心。在分发选票环节,由于到场人数不足,一些村干部就随意发放,给一人发放多张选票,总之,不少村民参与意识不足,对村委会换届选举呈现出漠不关心的状态。

三是选举过程过于重视稳定,缺乏竞争力。就本次观察点的情况来看,换届选举名单总体而言缺乏竞争性,为了怕选出一些"不合适的人",部分村领导打着指导、支持、帮助的幌子,通过内定候选人、确定正式候选人、任意解释村委会选举的投票结果等方式影响选举结果。部分观察点在形成候选人名单后,在选举大会前两天,候选人名单的修改也由村选委会和监委会直接决定,并没有任何会议依据或民意表达依据。书记连任多届除了工作能力外,组织上力求维稳也是一个重要因素,无论从村(居民)代表结构、候选人的提名以及选举的方式方法等都尽力将冲突降到最低。

(四)换届选举工作环节复杂,缺乏有效监督

一是参与选举涉及人数众多,新的政策执行存在困难。为了确保选出可靠可信的村(居)民委员会班子,本次换届选举工作增加了联合审查的程序。但由于此前没有相关实践,县级主管部门在推动工作的过程中存在一些方法上的困惑,包括审核内容确定、审核方法采用、审核标准执行、审核结果处理等,关于联审工作的细则还需要进一步完善。加上县级科室人员有限,联审工作涉及面广,工作人员反映新规的执行难度较大。

二是选举部分环节粗糙,缺乏有效监督。选举大会是村(居)民委员会换届选举中最重要的环节,但在实地驻村观察中发现还存在着部分换届选举的环节粗糙,并且缺乏有力的监督机制。例如麻城市 X 社区于选举大会当天早上发放选民证,且并未设置秘密写票处。G 村发放选票时没有核对名单编号,选民证和委托证混乱,且该村仅当选的 4 人进行演讲,其他候选

人没有自我介绍环节。H社区推选居民代表时发放选民证,但因没有核对名单,存在代领现象。X社区由于选委会、监委会成员不熟知选举规则,不了解废票标准,造成唱票混乱。

三是部分地区档案材料整理不清晰、不规范。换届选举从总体上来说,分为两个大的方面,一是程序,所有程序必须到位,而且必须规范;二是档案,档案是程序的文字体现,也是呈现所有过程的必要方式,因此完善规范的档案材料在整个换届选举起着重要作用。观察点十堰市郧西县J社区今年采用新的选举办法来产生新一届居民委员会成员,因此对档案材料的规范性要求更高一些。但通过两次查阅档案,发现J社区在档案整理方面存在着两个问题:一是不清晰,即档案分类不清,所有的公告和会议记录混在一起,没有将会议记录按照时间节点或是会议次序依次排列整齐;二是不规范,主要体现在用词方面,选举委员会每次召开会议是专门讨论与相应阶段工作相关的具体工作。

第四节　湖北省换届选举工作的优化路径

(一)加强组织领导力量,夯实工作基础

在村级组织换届选举工作中,加强组织领导力量,全面掌握各种动态,科学部署前期准备工作,严密制定工作方案,为做好村级组织换届工作打下良好的基础。一是及早进行换届前的调查摸底工作。在换届选举准备阶段,可提前几个月时间发动乡镇党委深入各村调查摸底,并制定下发《村级组织换届选举重点村情况调查表》,摸清各村的村"两委"班子情况、党员干部情况、群众认可度情况以及村情民意等情况,为换届选举工作的决策提供依据。同时,还要通过民主测评方式,掌握广大党员和群众对本村"两委"主要领导工作实绩的评估,把握党员、干部、群众的思想动态,做到心中有数。二是及早开展集中整顿。要通过矛盾排查方式,摸清可能出现的各种影响选举的苗头性、倾向性问题和不安定因素,及时研究对策措施,制订应急预案,及早发现,及早介入,以便抓住先机,争取主动,并采取措施,分类进行集中整顿,及时化解可能影响村级组织换届选举工作的各类不利因素。三是及早启动试点。为了保证村级组织换届选举工作的顺利进行,可在集中换届工作前，确定几个换届选举试点村，适当提前换届时间。

(二)细化相关工作规程，建立监督机制

要建立健全换届选举工作目标责任体系，强化乡、镇(街道)、村三级党组织的领导，形成一级抓一级、层层抓落实的工作格局，为换届选举工作的实施提供坚强的组织保证。一是实行乡、镇(街道)领导挂村联系责任制，每位乡、镇(街道)领导，负责所挂点的村换届选举工作的统领和指导；乡、镇(街道)组织委员、民政办等有关部门要对选举工作骨干进行业务培训，使各镇村都有熟悉选举工作业务的“明白人”。明确乡、镇(街道)党委书记是第一责任人，分管党务的副书记是直接责任人，实行乡、镇(街道)领导和民政办干部包片、一般干部包村责任制，保证换届选举和农村各项工作两不误。二是选举工作开始前，结合实际制定切实可行的工作方案和《换届选举工作目标责任细化表》，做好村财务清理和审计、干部考察、社情民意调查等准备工作，组织力量驻村具体指导。同时，要加强对换届选举工作的检查和督导，及时发现问题，研究问题和解决问题，确保整个选举工作有序开展。三是加强对重点村(社区)换届选举工作的监督指导。对于经济情况和人员关系相对复杂的村(社区)，建议加强县乡两级对换届选举工作的常态化督导，确保相关工作符合程序，符合民意，选出人民满意、组织放心的基层工作者。可以考虑由县乡两级党政部门选派一批政治可靠、能力较强的党政干部驻村(社区)指导换届选举工作，切实转变过去沿袭下来的一些不规范的作风和做法。对于集体软弱涣散的村(社区)，选派优秀干部长期驻村或担任党组织书记，转变散漫的工作状态。

(三)严肃换届选举纪律，严控选举程序

在村(居)民委员会换届选举过程中，必须依法规范操作，这是搞好村级组织换届选举的关键。在当前村情复杂，村民参加村干部竞选积极性较高的情况下，选举操作程序是否依法规范，直接关系到选举工作的成败。这次村(居)民委员会换届选举工作，大多数村包括一些重点难点和情况复杂村均顺利进行，是因为严格按照法定程序，依法规范操作，尤其是对委托投票、代写、流动票箱和投票程序等重点环节作了重要把关，从而保证了选举的成功。一是要进一步细化相关工作规程，使选举办法更具操作性。通过本次驻村观察员反馈得知，法律法规规定得越具体，操作起来就越不会产生歧义,不容易被曲解,执行起来比较顺利。由于本次换届选举的新规定在一些方面的要求还不够细致,导致基层工作难以顺利进行,因此建议在下次换届选举工作之前,争取在省市一级尽力完善相关工作规程,在工作内容、工作方法、工作标准、工作结果等方面提出更加具体的实施方案。同时,针对选民的素质,村选委会的人数构成,选民的发布形式,候选人提名的方法,差额的层次、幅度,候选人发布的时间、一次未选出进行另行选举的时间及得票的规定,还有对贿选、干扰、阻挠、拒选、破坏选举等行为认定难、处罚难等等内容,进一步加强对县乡主管部门的业务指导和培训,提高相关工作的效率和质量。二是要加强对换届选举工作的全程监督。要通过乡镇指导机构的行政监督、村民选举委员会的组织监督、候选人的相互监督、选民的自发监督、志愿者的专门监督,使村委会选举依照法律程序进行,按照法律法规办事,维护村民依法行使民主的权利,防止和打击干扰、破坏选举工作的情况发生。对违反换届选举规定的问题,及时予以纠正。对换届中的拉票贿选、不正当竞争和破坏、干扰、妨碍换届选举的违法违规行为,实行零容忍、零例外,坚持有报必查、严肃处理。

(四)强化民主法治意识教育,广泛宣传法律法规

完善村级民主选举,不仅是村民民主决策、民主管理、民主监督的需要,也是村民民主教育的需要。要想解决村级民主选举中存在的问题,一是要加强对村民的民主法治意识教育,让村民确立权利意识。在进行选举宣传时,要充分利用村民能够聚到一起的各种集会,例如广场舞、宴席等,借助这样的机会对选举的相关法律、规则等关键内容进行大力宣传,并号召村民积极参与选举。同时充分利用党员的相关集会活动进行宣传,号召党员大力动员村民参与选举活动。二是在选举前应利用各类方式进行广泛宣传,使得农民群众了解村(居)民委员会换届选举的基本内容、程序、意义等,提高村民的民主意识。在选举中还要继续加强对村干部及村民进行《中华人民共和国村民委员会组织法》及《湖北省村民委员会选举办法》的宣传和培训力度。三是加快培养农村后备干部。从现有的观察结果来看,农村后备干部队伍培育不足,可能影响农村工作的延续性。建议在农村中青年常住人口中挖掘和培养一批讲政治、懂业务、爱农民的年轻干部,可以采取定期集训和轮训等方式加强对农村中积极分子的培养和培训,并通过组织推荐、村

民选举等合法程序将其选举成为村“两委”干部,进一步优化村“两委”干部的年龄结构、知识结构,提高农村工作的专业化水平和科学化水平。通过培训,使大家精通选举工作的法律法规,熟悉选举工作的操作程序,进一步提高各级干部和选举工作人员执行法律政策水平和指导选举工作的能力。

第二章　武汉市新洲区换届选举试点：报到证的合法合理

根据《中华人民共和国村民委员会组织法》的要求，为全面掌握全省2018年村（居）民委员会换届选举的动态，受湖北省民政厅委托本观察组成员对武汉市新洲区Z街道的C社区、Q社区以及M村三个观察点的村（居）委换届选举工作进行全程观察。在研读《中华人民共和国城市居民委员会组织法》《中华人民共和国村民委员会组织法》《湖北省村民委员会选举办法》《湖北省居民委员会选举办法》以及新洲区、Z街道出台的系列相关政策文件的基础上深入基层，通过全程参与了解实际换届选举的实况，关注换届过程中出现的报到证等新问题，挖掘问题背后的原因，从而针对实际问题提出有效的对策建议。

第一节　武汉市新洲区观察点的基础情况

武汉市新洲区属于远郊区，距离武汉市中心城区70多公里。1951年6月建立新洲县，隶属于黄冈地区。1983年8月划归武汉市管辖，1998年9月撤县设区，成为武汉市的一个新型城区。本次的观察点位于Z街道，辖区面积99.28平方公里，耕地面积6.3万亩，辖40个村民委员会，16个社区居委会，总人口20万；具体到三个观察点C社区、Q社区和M村，其基本背景如下：

C社区和Q社区属于村改居，均在2000年实现，分别在街道办事处的南北两侧，属于典型的老旧社区，主要问题是老龄化比较严重。C社区方圆

0.8平方公里,有8924人,2600多户,分4个小组。党员有178人,但因很多大学生、退伍军人的组织关系在社区而人在外地,常来参会的党员仅50余人。党群服务中心是村集资产,1998年进行扩建,现有1000多平方米。社区集体收入主要靠租赁收入,将路边的三层楼房外租,每年收取租金15万元,以供社区的日常开支。1998年以前,村民统一安排进厂,给商品粮或招工;1998年以后,没有招工,开始增加土地价格,把失地农民纳入社会养老保险范畴。目前社区外来人口共800多。

Q社区方圆2平方公里,3186户,11869人,9个小组,1个区级直管单位,党群服务中心500多平方米,2008年新修的三层楼,属于原村委会的集体财产。从土改至今共有6任书记,属于老旧社区,老龄化现象突出。外来人口280余,基本分布在门店、学校周边和农贸市场、组织部门、街道办事处等。

M村在21世纪初实现多村合并,是Z街道的大村之一。M村距街道办事处方圆5平方公里,具有大多数中部农村的特质,村民高度散居,管辖范围过大,主要问题是空心化严重。M村因多村合并,村里的派别林立,是街道历次换届选举的重要试点。在M村合并初期,以沿村的一条主干道为界分南北两派,因利益冲突,一直以来的惯例是一边出书记,一边出主任,2011年后开始一肩挑。M村16个村民小组(自然湾),共627户,总人口为2783,党员66人。村民近一半外出打工,村内无集体经济,党群服务中心等基础设施的修建依靠政府部门的资助。村里每年由政府、社会、村里三方筹资请专业剧团唱戏,丰富中老年人的生活。

第二节　武汉市新洲区换届选举的基本流程及做法

一、基本流程

村(居)民委员会换届选举工作是一项十分严格的政治工作,政策性强、工作量大、敏感点多、群众关注度高,时间紧、任务重、标准高、难度大,必须加强组织领导,落实工作责任,确保换届选举工作有组织、有计划、有节奏推进。Z街道根据省、市、区相关法律法规和有关文件精神,对街道下属的村(居)民委员会换届选举工作做了详细安排。

(一)村(居)民委员会换届选举工作要求

(1)明确工作责任。坚持党管换届的原则,旗帜鲜明地将党的领导贯穿换届选举工作全过程。街道党工委、办事处成立村和社区"两委"换届选举工作领导小组,加强对全街换届工作的组织领导。建立街道班子成员包片、驻点干部指导到村和社区的责任体系和工作机制。严格落实村和社区党组织书记第一责任人的责任,精准谋划布局,靠前调度指挥,及时研究解决换届中的重难点问题。对换届工作消极应付、领导指导不力、处置不当引发较大群体性事件的,要追究相关领导和有关人员的责任。

(2)严肃换届纪律。坚持把换届纪律挺在前面,严格落实"十严禁、五个一律"纪律要求,推行"四项承诺",组织候选人与党员、村(居)民见面,介绍个人经历、履职设想和遵守换届纪律等情况。始终保持正风肃纪的高压态势,以"零容忍"的态度严肃查处拉票贿选行为,对参与或指使他人采取暴力威胁、欺骗、贿赂、伪造选票等不正当手段妨碍选举的,坚决予以查处。对利用宗族、宗派以及黑恶势力干扰、破坏换届工作的,要重拳打击,营造风清气正的换届环境。

(3)加强指导督导。建立部门联动机制,街党政办牵头抓总、统筹协调,组织办负责指导村和社区党组织换届,社会事务办依法指导村(居)民委员会换届,街纪工委监察室、综治办、信访办、计生办、派出所、司法所、财政所、经管站、文化站、团工委、妇联等部门各司其职,密切配合。街道向每个村和社区派驻工作指导(督导)组,及时发现、指导和纠正具体实施过程中出现的错误和偏差,帮助解决工作中出现的疑难问题,认真研究、妥善处理党员群众反映的问题,做好与选举工作有关联的群体事件和伤害案件的预防预警工作,努力维护村(社区)和谐稳定。

(4)强化舆论引导。把握正确的舆论导向,通过公开栏、短信、QQ、微信、"智慧党建"平台、致村(居)民一封信等方式,宣传换届选举的重要意义、政策要求和主要任务,使党员群众明白"为什么进行换届选举""应该选什么人,不该选什么人""什么事该做,什么事不该做"等。引导广大党员群众增强政治意识和民主法治观念,关心、支持、参与换届工作,正确行使好自己的权利。

(二)村(居)民委员会换届选举具体安排

根据武汉市新洲区的总体安排,Z街道村(居)民委员会换届工作从

2018年11月16日开始,12月28日结束。村民委员会成员由登记参加选举的村民直接选举产生,居民委员会成员主要采取户代表选举和居民代表选举的方式进行,有条件的地方可实行直接选举,重点有以下几个关键环节。详情参见表2-1。

(1)推选村(居)民选举委员会。村(居)民选举委员会(以下简称"选委会")的推选工作在村和社区党组织领导下,由村(居)民委员会主持。选委会成员一般5~11人,由村(居)民代表会议推选产生,按照民主程序将新当选的村和社区党组织书记推选为选委会主任。选委会成员依法确定为村(居)民委员会成员候选人的,应当退出选委会。

(2)开展选民登记。选委会要依法开展选民资格确认、审核、登记和公告,确保不错、不重、不漏。登记参加选举的村(居)民,原则上以户籍为依据进行登记。对户籍不在本村,但在本村居住一年以上,本人申请参加选举,经村民会议或村民代表会议同意参加选举的公民,应予以登记。对户籍不在本社区,但在本社区居住或者从事社区工作满一年以上,本人申请参加选举,经居民会议或居民代表会议同意参加选举的公民,应予以登记。对自愿放弃选举权利的村(居)民,在依法履行相关程序后,可不列入本届参加选举的村(居)民名单。

(3)推选村(居)民代表和驻社区单位代表。在选民名单发布后5日内依法推选村(居)民代表。村民代表在本村登记参加选举的村民中推选产生,按照5~15户推选1人的比例进行。代表总人数不少于25人,一般不超过50人。居民代表由居民在本社区登记参加选举的居民中推选产生,驻社区单位代表由驻社区单位推选,经居民代表会议讨论通过后产生。居民代表和驻社区单位代表总人数应当不少于50人,一般不超过100人。通过民主程序,大幅提高党员在村(居)民代表中的比例。妇女代表要达到村(居)民代表组成人员的三分之一以上。

(4)提名候选人。村民委员会成员候选人,应当由过半数登记参加选举的村民直接提名。努力提高女性村民委员会主任候选人的提名比例,对妇女委员采取"设岗定位"的方式进行提名。居民委员会成员候选人,采取由登记参加选举的居民或社区工作者个人报名、10人以上联名提名或者社区内群团组织、社会组织、驻社区单位提名,通过居民会议或居民代表会议推选产生。

(5)资格审查。先由街道严格按照任职资格条件对提名候选人进行资格初审，经过集体研究决定，对属于“不宜不得”情形的候选人，劝其退出。再由区委组织部、区民政局会同纪委监察委、政法、公安、信访、计生、司法、法院、检察院等部门进行资格联审。对已通过资格审查的村和社区党组织委员会成员不再重复审查。

(6)确定正式候选人。通过资格审查后，按照职位和得票多少确定正式候选人，每个职位的正式候选人至少有一个差额。

(7)组织竞选人演讲。选委会召集候选人在村(居)民代表(扩大)会议上进行竞职演讲，并书面提交“四项承诺”材料，由选委会审核备案。

(8)大会选举。按照有关规定，制定选举操作规程，依法组织好选举大会。村民委员会选举要严格控制流动票箱的使用，严防以召开村民代表会议代替村民选举大会。居民委员会换届采取居民代表选举方式的，只设立中心会场，不得办理委托投票；采取户代表选举方式的，设立中心会场和投票站，不得办理委托投票；采取居民直接选举方式的，设立中心会场和若干投票站，可以办理委托投票。

表 2-1　新洲区 Z 街道村(居)民委员会换届选举时间安排表

阶段	事项
第一阶段：准备阶段 11 月 16 日至 11 月 24 日	组建选举工作机构
	研究制定方案
	做好任期审计和换届考察
	调整充实村党组织班子
	开展业务骨干培训
第二阶段：实施阶段 11 月 25 日至 12 月 22 日	推选村(居)居民选举委员会成员、选举监督委员会成员(11 月 25 日至 26 日)
	参加选举的村(居)民登记(11 月 28 日至 30 日)
	审核发证(12 月 1 日至 5 日)
	推选村(居)民代表和驻社区单位代表(12 月 6 日至 7 日)
	提名候选人(12 月 9 日至 10 日)
	确定正式候选人(12 月 11 日)
	组织候选人竞职演讲(12 月 12 日)
	召开选举大会投票(12 月 21 日至 22 日)

续表

阶段	事项
第三阶段:后续阶段 12 月 23 日至 12 月 28 日	班子交接
	健全各类组织
	建章立制
	总结归档

(注:本表根据 Z 街道换届选举日程安排所制,有删减。)

二、具体做法

按照 2018 年 Z 街道城市社区居民委员会换届选举工作日程安排和 2018 年 Z 街道第十届村民委员会换届选举工作日程安排,Z 街道村(居)应该于 11 月 16 日开始,但因党委换届选举出现问题导致村(居)民委员会换届选举顺延一个多星期。总体来看,三个观察点历时近一个月的时间完成村(居)民委员会换届选举工作,C 社区和 Q 社区于 11 月 27 日正式开始,12 月 21 日选举大会结束;M 村于 12 月 4 日正式开始,12 月 23 日选举大会结束。虽然每个点都是按实施方案按部就班,但是在具体实施过程中各个社区或村的工作方法还是有所差异。按照新洲区的安排,2018 年城市社区居民委员会换届选举均选择代表选举制,较之以前的直选程序简便快捷。而农村则选择村民直选制,工作量较大。

(一)C 社区、Q 社区具体选举过程及方法

1. 推选居民选举委员会成员、选举监督委员会成员(11 月 27 日)

参会人员:社区“两委”成员、社区居民代表和街道指导组成员。

C 社区与 Q 社区召开居民代表会议,学习武汉市新洲区关于换届选举工作的相关文件,强调此次换届选举的纪律、规则;根据选举要求确定居民选举委员会和选举监督委员会名额分别为 9 人和 5 人;主要由到会的居民代表投票推选居民选举委员会、选举监督委员会成员。票数由高到低推选选委会的主任、副主任及选举监督委员会主任,并进行工作分工;在会上讨论并确定将社区换届选举大会定于 12 月 21 日,大会地址为社区会议室。

2. 参加选举的居民登记(11 月 30 日至 12 月 2 日)

参会人员:居民选举委员会、选举监督委员会、参加选举的居民登记员和全体居民户代表。

C社区、Q社区宣传发放方案和《致居民的选举公开信》，两社区均安排七个网格员，确定社区工作人员及网格员七人为选民登记员。本次参加选举的居民登记采取两种方式：居民主动到登记站登记；选民登记员上门登记。以网格为单位设立登记站，宣传引导参加选举的居民主动到登记站登记，在居民小区发布公告、微信及电话联系外出人员回家参加选举，安排参加选举的居民登记有关事宜，并于12月2日发布参加选举的户代表名单。

3. 推选居民代表和驻社区单位代表（12月5日）

参会人员：居民选举委员会、选举监督委员会、指导组成员和居民代表。

学习新洲区关于居民代表产生办法，发布社区居民代表名额、条件及产生办法，并于12月5日发布居民和驻社区单位代表名单。C社区此次居民代表选举共51人，46名社区居民代表，5名辖区单位代表，采取居民代表等额提名方式产生。在召开居民代表选举会议前，社区干部连同辖区单位直接等额提名51名居民代表，并印制成选票，会上发放给居民代表进行填写选委会主任并向参会的代表介绍提名代表，由参会居民代表直接画“√”和“×”，共到会29名代表，所有提名的代表都以29票通过。Q社区此次居民代表共55人，5名辖区单位代表，由辖区单位推荐，50名社区居民代表，则采取居民小组会议的方式进行选举，按照各小组人员进行比例分配，最多的一组是8个，最少的一组是3个。通过召集选委会和监委会以及社区干部开会，共同学习选举办法，公开选举程序。由各网格员领取选票前往小组长家中召集户代表投票，有等额推荐候选人，由各网格员收集选票，汇集到会议室统计，最后汇总产生新一届居民代表。

4. 提名候选人（12月11日）

参会人员：居民选举委员会、选举监督委员会、居民代表、街道指导组成员。

召开新一届居民代表会议，发布街道办事处党委对社区居民委员会职数设置、任职资格条件等决定。经街道办事处党委研究决定，C社区居民委员会职数为9名，由主任、副主任和委员组成。其中：主任1名、副主任3名，委员5名。Q社区居民委员会职数为9名，由主任、副主任和委员组成。其中：主任1名、副主任2名，委员6名。居民委员会成员候选人应当具备下列条件：已登记参加本社区选举的居民；遵纪守法、廉洁奉公、品行良好、公道正派、身体健康、热心为居民服务;具有一定的文化水平和组织、协调、管理能力。

根据街道安排,C社区和Q社区居民委员会成员候选人由居民代表提名方式产生,但社区根据街道意见进行了等额推荐。C社区提名居委会成员候选人共9人,其中6位是社区居委会原班人员,1位副主任为新调入该社区的工作人员,另两位委员是由街道推荐的候选人。Q社区除7位原班人员外,增加两名90后社区干部,同样由街道推荐。均通过公开投票选举。投票结束后,召开居民代表会议统一唱、计票,按照提名得票多少从高到低依次确定正式候选人;计算候选人提名得票情况时,可实行“高票低计”方式,即高职位票可计入低职位票数(不能低票高计)。候选人按照提名得票多少从高到低依次确定,每个职位候选人人数应当比应选名额至少多一人;12月13日经街道选举委员会组织初审,并征求十六家相关单位意见,确定本届居民委员会成员正式候选人名单。

5. 召开选举大会(12月21日)

参会人员:居民选举委员会、选举监督委员会、居民代表和指导组成员。

C社区与Q社区在三号公告的基础上均把选举大会时间提前两天,按照街道要求两社区都采取居民代表选举方式进行。召开选举大会前,组织代表到社区会议室,选举大会由居民选举委员会组织和主持,清点到会人数,C社区应到51人,实到50人,Q社区应到55人,实到52人;宣布大会开始,宣讲选举纪律;报告本届选举工作进展情况和社区居民委员会成员的正式候选人;宣布通过选举工作人员;检查并密封票箱;启封、清点选票;宣读《选举办法》,讲解选票,清点选票数;公开投票;销毁剩余选票,C社区销毁1张,Q社区销毁3张;检验选票,C社区实发50张,收回50张,Q社区实发52张,收回52张;公开计票、当场发布结果;封存选票,填写报告单;宣布当选名单,颁发当选证书;当选主任表态发言;发布当选人名单。

表2-2 C社区、Q社区居民换届选举方法

	成立选委会、监委会	选民登记	选举居民代表	提名候选人	选举大会
C社区	居民代表选举	网格员上门登记	先提名后经居民代表选举	居民代表提名	居民代表选举
Q社区	居民代表选举	网格员上门登记	居民小组会议	居民代表提名	居民代表选举

（二）M 村村民委员会换届选举具体过程及方法

1. 推选村民选举委员会成员、选举监督委员会成员（12 月 4 日）

参会人员：村"两委"成员、村民代表和指导组成员。

召开村民代表会议，学习武汉市新洲区《关于高质量做好全区村和社区"两委"换届工作的实施方案》《2018 年新洲区邾城街道村民委员会换届选举工作流程》等相关文件；根据文件要求确定村民选举委员会、选举监督委员会名额分别为 9 人和 3 人；发放选举委员会选票，由参会人员填写，共 62 人，发放 62 张选票，62 张有效票，由票数从高到低推选 18 人（5 票以上的），在 18 人中再由高到低推选村民选举委员会 9 人、选举监督委员会 3 人。村民选举委员会、选举监督委员会各推选 1 人主持工作，进行工作分工；同时按照街道选举安排，将选举日定于 12 月 23 日，在村小学举行；并在公告栏设置换届选举专栏。

2. 登记参加选举的村民（12 月 5 日至 12 月 8 日）

参会人员：村两委成员、村民选举委员会、选举监督委员会、小组组长和全体村民。

宣传发动方案和给每位小组长发放《致村民的选举公开信》并张贴于小组的人群聚集处；宣读参加选举的村民登记办法，安排由 16 个小组长为登记员，于 12 月 8 日下午 4 点完成报到村委会，安排参加选举的村民登记有关事宜。以村民小组为单位进行登记，由小组组长独自完成，电话联系外出人员并造册登记；并 12 月 8 日审核并发布登记参加选举的村民名单。

表 2-3　M 村选民登记情况

组别	登记选民人数（人）	组别	登记选民人数（人）	组别	登记选民人数（人）	组别	登记选民人数（人）
1	192	5	99	9	110	13	71
2	114	6	81	10	95	14	45
3	127	7	191	11	105	15	78
4	140	8	171	12	71	16	71

3. 推选村民代表（12 月 8 日）

参会人员：村民选举委员会、选举监督委员会、村"两委"成员、小组组长、部分户代表。

根据上级要求和本村情况,确定新一届村民代表。本届村民代表共36人,16个村民小组,按各小组或自然湾的人数比例分配代表名额,少则1人,多则4人。按规定妇女村民代表应当占村民代表组成人员的1/3以上。宣读村民代表应具备的条件:年满18周岁,享有选举权与被选举权的本村村民;拥护党的路线、方针、政策,遵纪守法,廉洁奉公,作风正派;关心集体,办事公道,联系群众,热心为村民服务,在村民中有一定威信;身体健康,能够正确行使自己的权利和积极履行应尽义务。讨论通过以组为单位召开户代表会议(本组2/3以上户代表参加),采取举手表决方式推选出村民代表,最后统计代表人数,推选新一届村民代表。

表2-4 M村村民代表情况

组别	村民代表数(人)	组别	村民代表数(人)	组别	村民代表数(人)	组别	村民代表数(人)
1	3	5	2	9	2	13	2
2	3	6	2	10	2	14	1
3	2	7	3	11	2	15	1
4	3	8	4	12	2	16	2

4.提名产生候选人(12月13日)

参会人员:全体村民代表、村民选举委员会、选举监督委员会和指导组成员、小组组长。

召开村民代表会议,讨论确定新一届村民委员会班子职数设置为6人,设村民委员会主任1人,村民委员会委员5人,其中妇女委员1名;确定第十届村民委员会成员候选人以小组为单位选举产生。具体程序:街道党支委近20人的工作组来村督导,村书记将街道党支委工作组成员与16名小组长进行一对一分配,按照登记选民人数将选票提前放入档案袋,会上经选委会、监委会及小组长的再三确认,由各小组长带着小组的选票挨家挨户上门召集村民填选票。投票结束后,将各小组收集选票统一唱、计票,按照提名得票多少从高到低依次确定候选人的初步人选。

5.组织候选人竞职演讲(12月22日)

参会人员:村民选举委员会、选举监督委员会、全体村民代表。

村书记安排部署选举大会的工作,划分选区,即1组、14组、16组为第一选区；2 组、3 组、15 组为第二选区；4 组、5 组、6 组、12 组为第三选区；7 组、10 组、11 组为第四选区；8 组、9 组、13 组为第 5 选区。安排各选区的负责人 2~3 名选委会和监委会成员外加 2 名街道党支委成员；宣读并讲解选举大会的选举秩序和选举规则等；因街道研究决定 M 村主任进行等额选举，委员进行差额选举，共 7 名候选人开展竞职演讲；其中村书记对其接下来的 M 村的重要工作都进行了计划和安排。最后安排各组小组长向登记参加选举的村民发放选民证。

村书记竞职演讲核心内容如下：

除对党忠诚、抓好队伍建设等，还提到为民办实事，推动经济发展。

（1）以油茶基地为依托，加大土地流转力度，招商引资、引企业、引老板投入。带动村民增收致富，增加村集体经济收入。落实农村集体产权制度改革，确保村民变股民的收益权利。

（2）加大 M 村农业基础建设的投入，争项目、争投资。争取 2019 年农田土地整治项目资金两千万元左右，修渠、修路、修站、修基础设施到村到组。

（3）争取项目修复缺口堤段 280 米长。防洪整险加固项目，投入资金 40 余万元。

（4）扩宽新建修造 2 座桥梁项目。投入资金将达 600 万元左右。

（5）计划扩宽公路，全长 2 公里，在原基础上扩宽 2 米，项目已申报。计划修建公路 2.5 公里长，10 米宽公路。

（6）解决部分小组抗洪排涝突出问题，利用土地整理项目解决农田灌溉和道路等突出问题。

（7）争取项目投入资金 50 万元重修开发路主干道亮化工程，全长 3 公里。继续完善村级主干道和小组量化工程，确保 M 村山清水秀、村湾亮丽、乡村美化。

（8）加大村湾环境整治力度，改变污水乱排、垃圾乱扔、秸秆乱烧等脏乱差臭状况，实行垃圾分类管理、集中收集处理，消灭露天室外厕所，尽快改变人居环境，综合治理工作。

（9）加大全村精神文明建设，从而带动经济建设发展。开发文明村，十星级文明户创评活动，健全自治、法治、德治相结合的乡村体系，坚持系统治理,依法治理,源头治理,抓好社会综合治理工作,化解社会矛盾纠纷,做好各项安全防范措施。

(10)在5年任期内力争化解村级债务100万余元。

(11)组织力量办好2019年唱大戏准备工作,统一筹划。

6. 选举大会(12月23日)

参会人员:村民选举委员会、选举监督委员会、指导组成员、全体村民。

由村干部向前来投票的选民发放报到证,一人一张,仅限到会村民;村民按照选区划分进各自的选区所在的教室,各选区负责人负责发放选票;选民公开投票;集中投票箱;统一唱票、计票;当场发布投票选举结果;封存选票,填写当选结果报告单;宣布当选名单并颁发《当选证书》;大会结束,发布当选人名单。

投票8点半开始,10点左右投票结束。此次发出1761张选票,收回1760张,其中有效票1727张,空票21张,废票12张。当选成员中主任1名,委员5名,其中1名女委员。25~30岁3人,50~60岁3人。因上届村委成员退休和新添指标,本次新增加3名新委员。

表2-5　M村村委换届选举方法

村名	成立选委会、监委会	选民登记	选举村民代表	提名候选人	选举大会
M村	村民代表选举	小组长上门登记	村民小组会议	小组长上门发票	村民直选

(三)选举观察结果

三个观察点的选举结果实现了“五个确保”:确保书记主任一肩挑、确保党支部成员交叉任职、确保有女干部、确保过半数当选、确保街道提名人员当选。在此次选举中,Q社区、C社区新进成员是由街道提名,社区通过宣传、讲解、引导等方式使其当选。社区干部多是由街道组织社区干部的统一考试招考的成员,由街道提名到各社区。年轻干部占比较大,为社区发展培养了坚实的后备力量。

第三节　问题与思考:报到证的去与留

因《村民委员会组织法》的最新修订,新一届换届选举无论在程序上还是规则上较之以往更规范。而 M 村在换届选举中采取物质激励方式提高选举率，这一现象无论在实践中还是在理论上都会引发不小的争议。具体分析如下。

（一）报到证的发放

因村（居）民委员会换届选举程序与规则的清晰与严格，往届中许多地方在换届选举过程中存在的“误工补贴”“劳务报酬”等行为被禁止。报到证是部分村在换届选举过程中的村内“特质”凭证，便于村民选举委员会统计选举大会的参会人数、核实票数、发放奖品等用途。选举大会时为吸引村民参加，用报到证来奖励参与选举的村民，报到证作为村民参加选举的见证。M 村在近几届召开换届选举大会时都会通过赠送小礼品来鼓励村民积极参与，如毛巾等生活用品。此次报到证的发放粗略统计 500 余张，9 点半左右结束发放。报到证的发放一定程度上是在鼓励村民参与换届选举，提高参与率和选举率，培养公民的政治意识。M 村为什么发放报到证？报到证的发放是不是属于贿选？报到证是否提高选举率？怎样更好地利用？这些问题需要进一步思考。

（二）报到证产生的原因分析

报到证的出现主要是因为村庄空心化严重，实质是在弥补选民登记和未办理委托程序的失误。为保证选举的“双过半”，加之小组长对参与选举的选民登记存在疏漏等现象，导致登记的选民数远高于实际能参加选举的选民数。M 村空心化严重，一半以上的人外出打工，因外出人口过多，村委会未办理委托程序，因此无法预估实到选民人数。同时 M 村近几届换届选举一直以来都有发放小礼品的习惯，村民已有投机心理。种种原因交织在一起，导致 M 村采取物质激励的方式。

但必须明确报到证的发放不属于贿选范畴，与贿选是不同的概念。报到证的发放是 M 村村委会采取的激励全体村民参与换届选举的一种方式，主体是村委会，对象是全体登记的选民，具有公开性、公平性等特征。而贿选是指竞选者在选举中通过一定的物质利益或其他方式对参加选举的代表和选民进行贿买，以使自己在竞选中胜出。贿选的主体是将要或正在参与竞选的人，贿选对象是享有投票表决权的选举代表或选民。贿选具有隐蔽性、交易性、妨碍秩序等特性。贿选方式主要是给予代表或者选民一定利益,如金钱、财产、可期待的利益回报或精神、感情上的享受等。按照学者党国英的理解,贿选有三个显著特征:第一,贿选者只给那些承诺给他投票的选民某种好处,而对其他选民不施以任何好处。第二,贿选者对选举过程进行某种监督或控制,以确保得到自己好处的选民给自己投票。所以,凡是发生贿选的选区,选举过程一定是不合法的。第三,贿选者在给选民施以某种好处时,采取秘密行动。目前法律法规中对于贿选概念的界定仍较为模糊,《中华人民共和国村民委员会组织法》第十七条中指出:“以暴力、威胁、欺骗、贿赂、伪造选票……妨害村民行使选举权、被选举权……村民有权向乡、民族乡、镇的人民代表大会和人民政府……有关主管部门举报……”这一规定指出了贿选的危害性,并没有明确提出贿选概念。《〈中华人民共和国村民委员会组织法〉条文释义》中提出,所谓贿赂,“是指利用金钱,财物或者其他物质利益诱使或收买选民、候选人或有关选举工作人员,以使村民违反自己的真实意愿参加选举或在选举工作中进行舞弊活动的行为”,这一法律释义在村庄选举实践中很难界定是否发生贿选行为。

(三)进一步的思考

据了解,尽管M村采取报到证方式激励选民,但参选率较上届并没有明显提高,事实上村民参与选举的热情度仍达不到预期。同时在选举期间引发很多争议,有村民认为报酬过低,有村民认为代表多少人投票就应发多少张报到证,还有村民因来迟了没有拿到报到证等,争议此起彼伏。报到证的选择及报酬的多少都是由村干部决定,没有参考群众的意愿。而且发放报到证并没有向村民宣传,许多村民并不知道报到证的用处。此外,报到证的发放时间从8点半开始,到9点半左右就结束,只发放500余张,并没有保证到会的选民都有。因此,报到证虽是一种激励机制,但在运作过程中存在很多不足,由此不仅没有提高选民的选举率,反而增加了选民对选举的冷漠。

对于如何提升村民选举直接选举率与参选积极性,国内许多地方进行了积极的探索和尝试,如利用运用网络技术,组织远程投票;加强党政重视,动员组织选民,等等。咸宁Q村村民选举委员会利用网络信息技术,实行远程投票,按《咸宁市村(社区)“两委”换届选举省级试点远程投票方案》,聘请专业技术团队参与微信公众号“远程投票”功能搭建。主要包括:一是人员筛选及录入,将村民选举委员会提供的符合本次远程选举选民身份且有意愿参与本次远程投票的村民信息录入系统，保障符合资格的选民可进入"投票选举"菜单；二是进行选民身份验证，参与远程投票的村民需先在微信公众号进行身份证认证，确保选民本人进行投票；三是设置投票功能，在微信公众号二级功能菜单栏加入候选人投票栏目，远程投票选民在选举日当天，与现场投票人员同步投出神圣一票。还有许多地方加强党政重视，动员组织选民，通过党政部门严抓提升选民登记知晓率、参选率以及登记的准确率来扩大选举投票率。加大宣传力度，拓宽宣传渠道，通过张贴一份通知、刊发一则公告、印发一封公开信"三个一"的方式，营造家喻户晓的浓厚氛围。充分利用选民登记过程，积极宣传换届选举工作的意义作用、法律法规和纪律规矩，鼓励广大选民积极参与换届选举工作，增强选民参加选举的主动性和自觉性，变"被动登记"为"主动登记"，变"要我登记"为"我要登记"，提升选民登记参选率。通过设置选民登记站点让选民主动登记、早晚和周末组织人员主动逐户上门登记和电话、传真、微信等信息手段登记等方式，做细做实选民登记工作。分门别类地做好流动人口登记工作，主动联系沟通，依法办理手续，充分保障流动人口选举权利。加强人户分离情况的对接沟通工作，注重改制单位相关人员的选民登记工作，努力提高参选率。提升选民登记准确率，一是结合公安户籍人口数据信息系统和卫计等相关职能部门的户籍登记系统和人口信息系统平台，合理划片分组逐院、逐户、逐人、逐项开展入户调查，做好数据查实比对工作，促进人口信息与选民登记信息之间的数据共享与成果互用；二是把选民登记与村社干部人熟情况熟的有利条件相结合，对初步登记的选民认真逐一进行核对。

在借鉴上述做法的基础上，M村应先做实选民登记和委托投票，再采用政治动员、物质激励两种方式，通过政治动员保证选民的人数，提高村民的知晓率和参与率；通过建立物质激励机制即通过满足居民的物质需求来进一步提高选民参与选举，用直接的物质利益推动选民参与的积极性。

第四节　换届选举工作中的困境与建议

一、换届选举中的困境分析

三个观察点此次换届选举结果是成功的，但仍存在一些需要完善的地方，主要表现为民主协商不够、民主监督不足、过于突出维稳、选举程序不规范、选委会监委会未发挥实质作用、选民证未发挥实效等。

1. 民主协商不够

就选举程序而言，共发布16个公告，社区或村部分协商讨论环节没有充分发挥选委会、监委会以及代表的职责。如选举地点、选举监票人、唱票人、选区的划分等等都是村书记一人定。典型案例是C社区把新一届社区居委会人员选出后，紧接着把后面的14~16号的公告内容都确定了，即成立相关委员会，如综合治理、民政事务、社会保障、卫生检查、群众文化、红白理事会，分别由分管的兼主任，网格员即成员，红白理事会成员由四个小组长兼任。

2. 民主监督不够

整个选举过程村（居）民的监督力量弱小，没有起到真正监督作用。加之选民规矩意识不强，在选举会场乱走动，村（居）民代表会议在公示结果时代表已离开一半。M村在提名候选人和选举大会时，唱票环节主要由村干部、选委会、监委会以及小组长完成，前来监督的村民较少。

3. 过于突出维稳

书记连任多届除了工作能力外，组织上力求维稳也是一个重要因素，凸显了基层治理“不出事”的行动逻辑，无论从居民代表结构、候选人的提名以及选举的方式方法等都尽力将冲突降到最低。对于M村来说，宗族矛盾较为突出，从上一届换届选举开始就有村民拉拢关系竞争村主任，但街道除考虑工作能力等多重因素，为维稳，本次选举时村主任采取等额选举，以防不稳定。而且M村为了稳定，不设副主任，而C社区、Q社区新提名候选人也是通过宣传、讲解、通知等各种方式进行引导。

4. 选举程序不规范

程序不规范中的问题较多。①一人多票现象严重：M村因人数多，“空心化”严重，没有委托程序，无论是提名候选人环节还是选举大会，存在一人多票现象。②计票环节不规范：C社区选举社区选举委员会和选举监督委员会时，没有具体的监票人、唱票人和计票人，监委会、选委会成员的计票都是由一人（社区干部）计票，旁边有个监票人员。而且在统计票数初期，有时忽视检查有效票和无效票，有的唱票过程被糊弄过去。③设置移动票箱：提名产生村民委员会候选人的方式可以是召开村民会议，由本村登记参加选举的村民直接投票；也可以是召开各村民小组会议，由本组登记参加选举的村民进行直接投票。但M村在提名候选人时选择上门投票，由小组长挨家挨户上门投票，不能保证投票的秘密性、公正性。④选举大会秩序混乱：M村因人口众多，登记人员并没有认真核实导致登记与实际不符。许多登记的选民未能参加选举，但为保障选民的数量，代写现象较为突出。

5. 选委会监委会未发挥实质作用

选举委员会和选举监督委员会成员应当由熟悉选举工作法律、法规，热心为村民服务，能倾听村民意见，办事公道，作风正派，在村民中有威望的村民担任。三个观察点都选择通过村（居）民代表会议推选。但整个选举过程只有书记对整个选举流程较为清楚，选委会监委会成员都是在书记的安排下做事，没有认真了解过选举办法及文件等。选委会监委会作为换届选举过程中的主要参与者，必须要对选举法有一定的了解。各社区选委会成员均为村（社区）退休老干部和有声望的人，但由于对新选举制度不熟悉，导致对具体操作环节的指导和监督力度不够。如M村选委会和选举监督委员会成员的选举只进行了一次，选举监督委员会成员只是按选委会投票结果，顺延了3位。提名候选人环节，计票时无人注意到要分主任、委员，所以都是一起记，20分钟后书记发现才及时纠正过来。C社区在计票环节全由社区网格员计票，选委会监委会成员没有发挥监督作用。

6. 选民证未发挥实效

在城市社区选民就是居民代表，发放选民证多此一举。农村因直选，选民证的发放和收取都是很大的工作量，加之村民急切完成选举任务，对选民证熟视无睹。在选举过程中，真正按照选民证来投票的比例不高。因选民证未利用得当，出现一人多票现象。

二、观察工作的思考与建议

为进一步完善换届选举工作，针对此次观察到的问题提出如下建议：

1. 加强督导，严明纪律

社区（村）换届选举会涉及很多方面的问题，但由于村民法律知识和认识的有限性，需要上级部门对村干部进行培训和全程指导，对社区、村的重要干部进行培训。将选举过程中的重要、关键点进行指导和讲解,以便村(居)民更熟知选举法,从而加强换届选举工作的规范性。同时要严把换届选举纪律关,关紧暗中贿选之门,破解贿选等违法违纪瓶颈问题。做好换届选举事前、事中、事后的全过程警戒,严肃村“两委”换届纪律,明确查处责任单位并采取相应惩处措施,扎紧制度的“篱笆”,在有效预防和制止贿选等违法违纪问题上做到严防、严查、严打。

2. 加大宣传,全民监督

村(居)民委员会换届选举虽是全村(社区)的一件大事,但似乎只有村(社区)“两委”、选委会、小组长和村(社区)代表在全程参与和关注,普通群众并没有热心参与。因此在换届选举程序上,对人选确定、选民登记、委托投票、选举大会组织、选举结果发布等关键环节,要做到严而细,同时需加大宣传力度,让村民精准掌握选举进度和结果,便于对换届选举进行监督。

3. 落实监管,规范程序

选委会和选举监督委员会作为村委换届选举的重要组织主体,与选举过程是否顺利和选举结果是否成功有很大关联。因此选委会和选举监督委员会的成员一定要了解村情、积极热衷于村(社区)的建设和治理、熟悉选举流程和选举办法等,这样才能保障村(居)民委员会换届选举工作的有效进行。许多程序上的错误都是监督、指导不力而造成的。从监委会、选委会到村干部到村(居)民代表以及村(居)民,要建立完善的监管系统,保证监管渠道的畅通,保证信息公开,保证各村(居)民的知情权、表达权和建议权、监督权。

4. 减少干预,公平竞争

对于城市社区的候选人提名,街道在培养后备力量的同时要适当放松对社区的干预,给社区、选民一定的选举空间,激发社区居民的活力。在部分社区干部观念中,街道提名的人必须当选,因此会通过各种引导使其当选,从而居民代表的自主选择空间较小。同时因村(居)委会成员的职数和职位等由街道确定,因此极大缩小了社区和村的自主性,各村(社区)因职数进行激烈竞争。街道应在适当放宽条件,保证竞选人的公平竞争,而不是给提名候选人一个“当选令牌”。

5. 重视登记，减少误差

选民登记时常不被重视，没有充分考虑村（居）民的现实情况。更多采取村（居）民档案的花名册来确认选民名单，这样会加大提名候选人和选举大会等环节的误差和工作量。M 村在登记选民时由各小组长下组登记，但具体过程缺乏监督，因此导致操作空间很大。首先要做好换届选举准备工作，就需认真把好选民登记关，为后续选举减少失误和麻烦。培训登记员，要严格按照要求进行登记，但选民的数量，必须超过村民的一半。其次要根据各小组人数适当增加登记人员的数量，确保登记工作在规定时间内完成。一定做好委托投票工作，增加选举的可靠性，在本人确认参加选举时才可登记。

6. 规范设置，整顿秩序

选举秩序的整顿得先规范会场设置，从标准化的形式上培养选民的规矩意识，发放通知，明确主席台、选区的设置规定，要求选区按村民小组设置。此外，对签到处的设置、验证发票处的设置、秘密写票处的设置、计票处的设置都有具体详细的规定。另外，还应明确选举会场影像设备的配置规定和选举会场工作人员的着装，特别是要明确选举会场奏唱《国歌》和宣誓的规定。标准化的会场设置，不仅维护了良好的选举会场秩序，而且也培养了选民的规矩意识。

第三章　黄石市阳新县换届选举试点：双过半的坚持与否

为推动新时代基层治理与民主选举的良好发展，湖北省民政厅组织开展2018年村(居)民委员会换届选举省本级观察，观察组于2018年11月19日前往黄石市阳新县F镇D村、P村、Z村观察该地村民委员会换届选举情况，于2018年12月27日返回。观察期间观察组以实地观察、文献调查、个别访谈和群体访谈为主要方法进行观察研究，观察发现该地村民委员会换届选举整体情况良好，三个观察村选举结果均实现了村党组织书记和村委会主任“一肩挑”、村“两委”成员交叉任职的目标。同时由于该县为重点贫困县，外出务工人员众多、村民文化素质不够高和镇实际指导村民委员会换届选举工作的人员有限等原因，在一些具体工作上出现了一些问题，重点对换届选举观察点中出现的“双过半”选举条件的疑惑进行了事实白描与理论反思。未来该地的村民委员会换届选举工作仍需在村民思想政治教育、村民委员会换届选举指导人员结构优化、地区经济发展与村能人引进等方面不断改进提升。

第一节　换届选举观察点的背景情况

一、黄石市阳新县工作的整体情况

阳新县民政局印发了《〈阳新县2018年村民委员会换届选举工作规程〉的通知》，对全县村民委员会换届选举工作做了整体规划和重要工作安排。该通知中将该县的村民委员会换届选举分为五个阶段二十三个步骤:第一阶段为准备工作(2018年10月24日前完成),包括调查研究、经济责任审计、制定方案、宣传培训和成立机构五个步骤;第二阶段为选民登记(2018年11月10日前完成),包括参加选举的村民登记、推选村民代表两个步骤;第三阶段为确定候选人(2018年11月25日前完成),包括确定村民委员会成员的职位和职数、确定候选人差额、提名候选人、候选人资格审查、发布候选人名单和组织候选人竞争演讲六个步骤;第四个阶段为投票选举(2018年12月31日前完成),包括投票准备、召开选举大会、当选结果认定、推选村务监督委员会、推选村民小组长和设立村民委员会下属委员会六个步骤;第五个阶段为后续工作(2019年1月31日前完成),包括工作移交、新一届村民委员会成员的培训、建章立制和验收总结四个步骤。同时阳新县民政局印发了十三个公告样式为各村村民委员会换届选举公告的发布提供了具体参照。观察点村民委员会换届选举工作中的方法创新至少有“两轮资格联审”“开展警示教育”和“接送选民”三点。

1. 两轮资格联审

联审方式为镇党委初审、县执纪执法等部门联审和县村“两委”换届工作领导小组会商复审。联审对象第一轮是对村党支委委员候选人;第二轮是村党支部委员会成员候选人资格联审时未审核的“新人”(村民提出的非村支部委员会候选人的村委会候选人)。

在候选人资格审查阶段,重点要做到“三审查一应急”。一是先由村(居)民选举委员会审查,要按照是否符合《湖北省村(居)民委员会选举办法》中规定的村(居)民委员会成员候选人必备条件、是否具备参选资格、提名是否有效三个方面对候选人进行资格审查;二是由村(居)民选举委员会报镇(区)党委进行资格初审,要按照全县村(社区)“两委”换届工作实施方案中针对继续留任人员的“5不宜”和针对新进人员的“12不得”要求做好资格初审;三是由镇(区)党委报县联审,县委组织部、民政局要会同纪委监委、政法(包括政法委、公安局、检察院、法院、司法局)、审计、信访等部门按照村(居)民委员会成员选任条件的正面清单和负面清单,特别要对涉及黑恶势力的人员和受过处分的干部进行资格联审;四是要做好审查未通过候选人的应急处理工作。由于对村(居)民委员会成员候选人的审查非常严格,不可避免会出现候选人审查不过关的情况。对审查未通过的人选,由村(居)民选举委员会依法依规按程序取消其候选人资格,同时要向群众做好解释工作,防止出现不稳定因素;出现缺额的,按原推选结果依次递补,并重新报镇(区)换届选举工作指导组批复。

有下列情形之一的,不得作为村"两委"成员候选人:(1)违反法律法规,曾受过刑事处罚或劳动教养的;(2)违反党规党纪和法律法规,正在被审查调查(侦查)的;(3)受撤销党内职务及以上党纪处分的;(4)受撤职及以上政务处分的;(5)近3年内被评议为不合格党员且被劝退、除名的,或者仍在限期改正的;(6)参与邪教、非法宗教组织及其活动,非法组织参与集体上访,影响社会稳定的,或涉黄、涉赌、涉毒的;(7)涉及"村霸"、涉黑涉恶的,或者利用宗族房头势力甚至黑恶势力等干预村务的;(8)存在拉票贿选等违反换届纪律行为,利用各种方式操纵、干扰、破坏选举工作的;(9)有恶意失信行为被法院纳入失信被执行人名单的;(10)因身体原因等不能正常工作、或因长期外出务工经商、办企业等原因不能保证正常履职的;(11)政治素质和道德品质差,多数党员、群众不拥护的;(12)不符合党规党纪和法律法规规定等其他不宜提名的情形。

2. 开展警示教育

阳新县下发了《村(社区)"两委"换届警示案例选编》和《阳新县村(社区)"两委"换届工作纪律》,在县乡通过动员会、教育会等形式开展警示教育。下面是《村(社区)"两委"换届警示案例选编》的部分内容:

2014年11月,山西省临汾市霍州市X村村委换届选举期间,该村党员段某向本村村民发放竞选村委主任职务的名片,并赠送芙蓉王牌香烟50条。段某无视换届纪律,拉票贿选,破坏了选举的公平性。经霍州市纪委研究,决定给予段某党内严重警告处分,霍州市X村"两委"换届领导组取消段某村"两委"换届候选人资格。

2017年1月2日,山东省临沂市高新区换届办接到群众举报,反映H村赵某甲、许某某、赵某乙、王某、叶某某通过宴请群众、利用宗教场所拉票贿选。经查,赵某甲先后两次花费560元宴请他人为自己拉票;赵某甲、许某某、赵某乙、王某、叶某某5人利用宗教聚会,花费920元以购买实物和捐赠现金的方式进行拉票贿选。根据相关法律法规,市公安局高新区分局给予赵某甲行政拘留15日、罚款1000元的处罚;给予许某某、赵某乙行政拘留10日、罚款500元的处罚;王某、叶某某正在依法传唤中。依据党章党规和相关规定,马厂湖镇党委研究决定,将党员赵某乙移交纪检机关处理,不同意接收王某为中共预备党员,取消赵某甲、许某某、叶某某入党积极分子资格和上述5名涉案人员本届村“两委”换届选举参选资格。

3. 接送选民

在村民委员会换届选举大会当天上午,村选举委员会租借车辆对地处偏远村民、高龄老人、带小孩的妇女等选民进行了专车接送,保障了到选举大会现场投票困难村民的选举权。

观察发现F镇的村民委员会换届选举都是在县里指导下一步一步开展的,村民委员会换届选举实际工作与规划基本一致,但也有一些与计划出现偏差,如第三阶段确定候选人预计在2018年11月25日前完成,但实际上有些村在12月初才结束了该工作。

二、观察村情况简介

1. D村

村总体面积27.6平方公里。户籍人口2686人,非户籍人口143人,常住人口1680人,党员84人(占村户籍总人数的3.1%),女性党员11人,60岁以上党员36人(占村总党员人数的42.9%),30岁以下党员7人,大专及以上学历党员12人(占村总党员人数的14.3%),初中及以下学历党员59人(占村总党员人数的70.2%)。集体收入30万元,人均可支配收入12510元[①],主职干部年工资36000元,副职干部年工资24000元。

2. Z村

Z村位于F镇东部,由五个自然湾合并而成,是集老区、贫区、山区为一体的贫困山区,全村现辖8个村民小组,共计421户,总人口1752人,户籍人口1752人,非户籍人口0人,常住人口500人,常年外出打工740人(占村总人数的42.2%)。党员62人(占村户籍总人数的3.5%),女性党员11人,60岁以上党员28人(占村总党员人数的45.2%),30岁以下党员

---

① 《F镇2018年度人均可支配收入统计表》。

5 人,大专及以上学历党员 8 人(占村总党员人数的 12.9%),初中及以下学历党员 40 人(占村总党员人数的 64.5%)。村辖区面积 11 平方公里,土地面积 4950 余亩,山场面积 11550 余亩,其中经济林地 2000 亩,宜林宜牧荒山坡地 2500 亩待开发,耕地面积 1360 亩(地少山多),其中水田 510 亩,旱地 850 亩,是一个山多地少的贫困村。Z 村 8 个村民小组,421 户,集体收入 30 万元,人均可支配收入 13548 元,主职干部年工资 36000 元,副职干部年工资 30000 元。

3. P 村

村总体面积 26 平方公里。户籍人口 3103 人,非户籍人口 0 人,常住人口 2210 人,党员 97 人(占村户籍总人数的 3.1%),女性党员 12 人,60 岁以上党员 40 人(占村总党员人数的 41.2%),30 岁以下党员 6 人,大专及以上学历党员 11 人(占村总党员人数的 11.3%),初中及以下学历党员 12 人(占村总党员人数的 12.4%)。集体收入 7 万元,人均可支配收入 13200 元,主职干部年工资 36000 元,副职干部年工资 24000 元。

三、换届选举工作中的基本情况

F 镇村级换届选举工作是在镇政府的具体指导和监督下进行的,通过对该镇村民委员会换届工作的实施方案及三个观察村换届选举的实际情况分析,可以清楚该地村民委员会换届选举的基本程序、基本方法、基本结果,进而得出一些基本结论。

(一)基本程序

该镇村民委员会换届选举的基本程序包括:(1)推选村民选举委员会和村民选举监督委员会;(2)做好参加选举的村民登记;(3)推选村民代表;(4)提名和审查确定候选人;(5)召开大会选举。

为了各个村充分依据自身的实际情况从而更好地开展工作,该镇村民委员会换届选举工作规程对各个村村民委员会换届选举的各个环节只限定了时间期限而没有强制规定各村每一天的具体任务。我们以重点观察村 D 村为例进行分析可以具体地了解该地村民委员会换届选举的基本程序情况。

1. 推选村民选举委员会和村民选举监督委员会(11 月 5 日)

该地村民选举委员会和村民选举监督委员会成立时间是在村支部委员

会换届选举之前,成立方式采取的是村民代表会议推选方式。D 村 2018 年 11 月 5 日召开村民代表会议推选出了 D 村第十届村民选举委员会成员和 D 村第十届村民选举监督委员会成员,发布第 1 号和第 2 号公告。

2. 做好参加选举的村民登记(11 月 8 日至 11 月 30 日)

该地参加选举的村民登记时间为 11 月 8 日至 11 月 30 日,登记采用的是比对户籍信息的工作方法,即年满 18 周岁且未被剥夺政治权利的村民登记为参加选举的村民。

2018 年 11 月 8 日 D 村村民选举委员会发布了第 3 号公告:"经与镇村民委员会选举领导小组协商确认,我村第十届村民委员会换届工作定于 11 月 5 日开始,选举日为 12 月 20 日,参加选举的村民登记日为 11 月 8 日至 11 月 30 日。登记期间不在本村居住的村民,须在 11 月 15 日至 11 月 30 日期间,向村民选举委员会表示是否参加本届村民委员会换届选举,逾期未作出表示的,将不列入参加选举的村民名单。望村民相互转告,按时进行登记。"该日 D 村村民选举委员会同时发布了第 4 号公告:"现将经登记确认的本村应参加第十届村民委员会选举的村民名单发布如下,如有错漏,请将 11 月 30 日前向村民选举委员会提出。……以上村民在选举期间外出不能参加投票的,可以书面委托本村有选举权的近亲属(即配偶、父母、子女、兄弟姐妹、祖父母、外祖父母、孙子女、外孙子女)代为投票,但每一人接受委托投票不得超过两人。需要委托投票的村民应及时联系被委托人,被委托人收到信息后应及时与选举委员会联系,由选举委员会专人负责汇总、打印、装订成册备查。委托人或被委托人请于 2018 年 11 月 28 日前到村民选举委员会办理书面委托手续。"

表 3-1　D 村参加选举的村民登记情况统计表

村民总数(人)	选民登记人数(人)	委托投票数(张)	非委托投票数(张)	实际投票数(张)
2686	2048	834	1214	1300

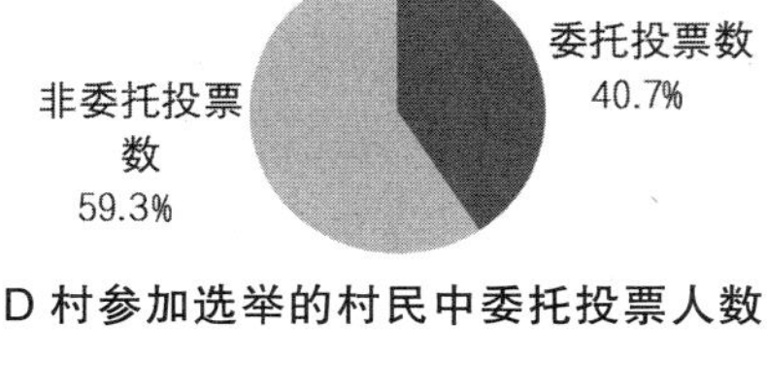

图 3-1　D 村参加选举的村民中委托投票人数占比情况

该村参加选举的村民名单向全村张榜公布的时间为 2018 年 11 月 20 日。公布时村民选举委员会成员将参加选举的村民按村小组形式分别红榜公布在各个村小组的信息公开栏处。

3. 推选村民代表(11 月 20 日至 11 月 26 日)

D 村推选村民代表采用的是“以村民小组为单位推选”(2/3 以上户代表参加的小组会议)的推选方法,推选时间为 2018 年 11 月 20 日至 11 月 26 日,推选出 43 名村民代表。2018 年 11 月 26 日 D 村村民选举委员会发布了第 5 号公告。

4. 提名和审查确定候选人(11 月 26 日至 12 月 10 日)

由于 F 镇全部采取有候选人的选举方式,所以提名和审查确定候选人成为村民委员会换届选举中一个不可缺少的环节,F 镇对提名和审查确定候选人非常重视。村民委员会候选人产生采取的是村民小组会议提名方式,提名时村民按照“等额提名”要求直接提名候选人,即每个村民只能提名一位主任候选人、一位副主任候选人和各村规定名额的委员候选人(有三个委员名额就只能提名三位委员候选人,有四个就提名四位)。

审查确定候选人时采用村民委员会候选人资格联审方式:镇党委初审、县执纪执法等部门联审和县村“两委”换届工作领导小组会商复审;联审对象是村党支部委员会成员候选人资格联审时未审核的“新人”(村民提出的非村支部委员会候选人的村委会候选人)。

2018 年 11 月 26 日 D 村村民选举委员会发布了第 7 号公告:“经研究决定,我村第十届村民委员会成员候选人,采用召开村民小组会议的形式提名候选人,提名时间定为 12 月 2 日 9 时至 12 时,过时不再提名投票。第一组村民小组提名地点设在 D 村委会,第二组村民小组提名地点设在村小学。请登记参加选举的村民于 12 月 2 日 9 时到指定的地点参加提名。”2018 年 12 月 10 日 D 村村民选举委员会发布了第 8 号公告,公开已确定的村民委员会成员候选人名单。

5. 召开大会选举(12 日 10 日至 12 月 20 日)

12 月 10 日至 12 月 19 日,为筹备选举大会时间。在此期间,观察村在镇政府的统一部署下进行各项准备工作,其中包括决定投票方式、确定选举大会的具体时间和地点、办理委托投票手续、印制选票、发放选举证、委托投票证等。

在投票方式方面采用会场一次性投票选举方式，该地村民委员会换届选举大会只设一个会场，不设投票站，不设流动票箱。在选举大会的具体时间和地点方面，D村村民选举委员会于2018年12月10日发布了第9号公告："本届村民委员会选举具体投票时间定为12月20日，选举大会会场设在D村委会。请村民相互转告，安排好时间，准时参加选举大会。"该村村民委员会换届选举未设投票站因此没有第10号公告。在委托投票手续办理方面，2018年12月15日该村换届选举委员会已经印制完选举证和委托投票证并全部盖好了村选举委员会的公章。由于该地经济发展较为落后，各村发展差异大，全镇各村对到会参加投票选举的村民皆不发放各类形式的补贴。村民原本就有选谁都一样的心理，加之现在没有任何参会补贴，所以村民到会场投票都是随机的（即使村民答应了选举日到场，一旦临时有事，参会的村民就会变更），导致村选举委员会无法具体确定哪个村民选举日在家且能到会场，所以村选举委员会采用了选举日当天会场发放选举证再凭选举证领选票的方法，参会具体人员确定后再对前期登记的委托投票人和被委托投票人进行调整。

12月20日为D村村民委员会换届选举大会日期。大会开始前，筹备人员积极布置选举大会会场。大会现场悬挂了会标及标语，设置了主席台，安装了音响设备，并根据村民小组划分就座区域，大会主席台上放置三个投票箱。

上午10点半左右，D村正式召开选举大会，投票选举新一届村民委员会成员。整个大会共分以下几个环节：

（1）报告参加投票人数，确定超过法律规定的选民登记人数的一半，选举大会可以进行。

（2）宣布大会开始，宣讲大会纪律和注意事项。

（3）奏国歌。

（4）报告本届选举工作进展情况。

（5）宣布通过选举大会工作人员，包括大会总监票人、监票人、唱票人、计票人等工作人员名单。

（6）检查并密封票箱。

(7)启封、清点选票。

(8)讲解选票。

(9)验票、发票。

(10)投票。

(11)销毁剩余选票。

(12)集中票箱，清点选票数。

(13)检验选票。

(14)公开计票。

(15)当场公布结果。

(16)宣布当选名单。

(17)封存选票、填写报告单。

(18)张贴公告。

(二)基本方法

1.明确总体要求

以习近平新时代中国特色社会主义思想为指导，全面贯彻落实新时代党的建设总要求和新时代党的组织路线，深入学习贯彻习近平总书记关于党的建设和组织工作重要论述和视察湖北重要讲话精神，坚持把加强党的领导贯穿换届工作全过程，严格依法依规办事，着力选优配强村“两委”班子，促进村党组织书记队伍整体优化提升，进一步激励村干部新时代新担当新作为，为F镇决胜脱贫攻坚、实现乡村振兴、全面建设社会主义现代化强镇提供坚强组织保证。

2.严格资格标准和职数配置

资格标准上实行“5不宜”和“12不得”，职数配置上按照精干高效原则，从严控制村“两委”班子成员职数，村“两委”成员一般3~5人。其中村“两委”班子成员职数设置原则为：建制村总人口2000人以下的村干部职数3~4名，2000人以上的4~5名。总人口4000人以上的村、村级产业较多且集体经济发展较好的村，村域面积较大、群众居住分散的村，可适当增加1~2名。增加职数由镇党委审核把关并呈报县委组织部审批。村党组织一般设委员3~5名，其中书记1名、副书记1~2名，纪检委员1名(可兼任)；村委会一般设委员3~5名，其中主任1名、副主任1~2名。

3. 把握关键环节和主要任务

一要认真做好换届选举准备工作（2018 年 10 月 24 日至 10 月 29 日完成），二要精心组织换届选举（正式选举工作 2018 年 12 月 31 日前完成），三要做好后续工作（2018 年 12 月下旬至 2019 年 1 月）。

4. 严肃换届纪律

大力加强换届纪律教育，严厉打击违纪违法行为，加强防范和处置突发事件。

5. 切实加强组织领导

落实工作责任，健全工作制度，建立部门联动机制和联席会议制度，镇组织办牵头抓总、统筹协调，民政办依法指导监督村民委员会换届，纪检监察办、党政综合办、宣传办、综治办、信访办、扶贫办、共青团、妇联等部门各司其职，密切配合。建立换届工作重大问题报告和情况通报制度，实行进展情况周报制。建立健全换届工作责任追究制度，对未经镇党委、政府批准、不组织或拖延换届选举的，对换届选举中的违法违纪行为查处不力、造成严重后果的，对换届选举工作消极应付、领导督导不力、处置不当引发群体性事件的，要追究各单位主要负责人和有关责任干部的责任。同时加强宣传引导和防范监督。

（三）基本结果

三个观察村选举结果均实现了村党组织书记和村委会主任“一肩挑”、村“两委”成员交叉任职的目标，且新一届村民委员会中都至少有一位妇女委员。该镇有个别村选出的村党组织书记未能选上村委会主任一职，也有个别村村民委员会的委员在初次选举中得票未过半。

第二节　换届选举工作中的问题

（一）村民委员会换届选举的指导人员不足

F 镇换届选举指导工作实行“责任村”机制，即镇领导干部都要负责一个村，比如该镇的副书记就负责观察点的 D 村。尽管每个村都有至少一位干部负责指导，但全镇的日常指导工作几乎都由镇民政办公室主任一人进行，观察期间经常发现很多村党组织的书记前来咨询该主任。镇民政办公室主任要负责全镇的民政工作,日常工作较为琐碎和繁忙,又要直接指导全镇各村的换届工作,还要专门负责一个责任村的换届选举指导工作,该镇实际专门进行换届选举指导工作的人员明显不足。在观察期间,该镇民政工作还有一项重要内容是退伍军人信息收录,包括退伍军人的户口、身份证、照片、房屋信息、就业信息等,而很多退伍军人都在外地,信息收录工作细节多耗时长,占用了该镇民政办公室同志的大量时间。

观察发现,具体负责指导全县三百多个村村民委员会换届选举工作,在县一级的只有四位同志:一位民政局副局长、一位基政科科长、一位基政科科员和一位新调过来的原负责低保工作的科员。观察期间,县民政局副局长和基政科科长处于随时待命状态,全县任何一个镇任何一个村选举出现大问题他们都要第一时间赶过去,有些村选举工作在周末,他们周末也要随时准备出勤去解决问题,他们的工作持续时间长、压力大。

在换届选举组织机制上该县实行了县领导“包片”和镇干部“责任村”制度,该县民政局工作人员是实际具体指导全县村民委员会换届选举工作的中坚力量,凸显了该县实际专门进行换届选举指导工作的人员不足的问题。

(二)换届选举工作人员依法规范推进工作的能力有待提高

在观察中发现,很多干部换届选举知识学习不足,很难完全胜任依法规范推进村委会换届选举工作的任务。在村一级,各个村的选举委员会成员能力差异较大,有的依法办事能力强,有的还是按“方便办事”原则进行工作,还有些受自身知识水平限制理解法律精神的能力不强,这与农村地区村民的知识教育水平密切相关,村民文化教育程度不高严重影响了他们对于国家法律和政策的直接阅读和理解能力。以D村为例,该村的党员有84人(占村总户籍人数的3.1%),大专及以上学历党员只有12人,占村总党员人数的14.3%,而初中及以下学历党员59人,占村总党员人数达到了70.2%。可见,镇区人民的文化教育需要加强,换届选举工作人员依法规范推进工作的能力更是有待提高。

(三)该镇山多地少,经济欠发达,外出务工的人多,留村的人少

观察发现,F镇多数农民都不在农村,有的外出务工,有的在城镇带小孩上学,村里青壮年劳动力很少。由于本地经济不发达,村民对自己村的选

举工作也不是很上心,存在“换届选举选谁都一样”“自己参不参加无所谓”的心理。经济发展程度很大程度上影响着该地村民委员会的换届选举工作。以Z村为例,该村由五个自然湾合并而成,是集老区、贫区、山区为一体的贫困山区,常年外出打工740人(不包括在城镇带小孩上学的村民)就占村总人数的42.2%。该村辖区面积11平方公里,山场面积11550余亩,耕地面积1360亩(地少山多),其中水田510亩,旱地850亩,是一个山多地少的贫困村。马克思在《〈政治经济学批判〉序言》中就指出:“人们在自己生活的社会生产中发生一定的、必然的、不以他们的意志为转移的关系,即同他们的物质生产力的一定发展阶段相适合的生产关系。这些生产关系的总和构成社会的经济结构,即有法律的和政治的上层建筑竖立其上并有一定的社会意识形态与之相适应的现实基础。物质生活的生产方式制约着整个社会生活、政治生活和精神生活的过程。不是人们的意识决定人们的存在,相反,是人们的社会存在决定人们的意识。”[①]地区的物质生产毫无疑问是地区政治发展的基础,它制约和影响着地区政治文明的进步,而该地农村经济发展相对滞后、劳动力外流直接影响了农村地区的选举工作。

第三节　换届选举观察的思考与建议

一、基于观察情况的思考

F镇出现上述问题,形成原因是复杂的,既有经济基础的因素也有区域文化水平和人员素质的因素,为深化村民委员会换届选举问题成因的认识,笔者从以下三个关系维度进行剖析。

(一)权利与义务的关系维度

权利和义务在这里特指农村村民的权利和义务,乡镇干部个人的权利与义务在这里暂不列入讨论。在我国人民享有真实的权利,这种权利根本体现在人民生存权和发展权的保护和实现上。生存权和发展权具化为经济权利、社会权利、政治权利,经济权利中劳动权、休息权、劳动收益权等都与

① 《马克思恩格斯选集》第2卷,人民出版社1995年版,第32页。

人民生存权息息相关,在政治权利中选举权、被选举权、投票权、参与权、知情权、监督权等也和人民的生存权与发展权有着不可分割的联系,在社会权利中受教育权与人民的发展权联系极为紧密。

权利和义务是相对的,有权利就需要履行义务,但是义务行为是一个道德的要求,它更多依靠的是人的自觉自愿的主动行为。要想村民真正履行义务,前提是村民的相对权利得到切实的维护与实现。在农村村民委员会的换届选举中,投票是村民的权利也是义务,但投票只是村级政治选举中的一个环节,要想村民真正参与到村级政治中来,离不开村民经济权利、政治权利和社会权利的切实保障与实现,也离不开对村民进行必要的思想政治教育。同时在村级政治活动中,应该采取切合村民实际的方式去教育启发村民认识到权利与义务的辩证关系,使村民认识到权利不会自然赋予,村民各项权利的享有是以履行相应的国家义务为前提的,享有更多的权利意味着承担更多的义务。

(二)利益与力量的关系维度

利益和力量是影响政治活动的关键因素,二者共同构成公民参与政治活动的基础动力,同时二者之间也是相互影响的,个体的力量强大程度很大程度决定着其追逐利益的大小预期,而为了追求更大的利益,个体会努力提高其政治素养,也会促使其更加主动地参与到政治活动中来。

利益关联是村民自觉参与政治活动的基础和基本动因之一。村民与村委会利益关联程度高则村民政治参与的动力越大,村民与村委会利益关联程度低则政治参与的意愿低。在观察中发现很多村民对村委会换届选举处于一种漠不关心的状态。在访谈中,问及村民是否知道该地现在在进行村民委员会换届选举,村民说知道;当问及是否参与了村民委员会换届选举时有的村民直接回答没有;当问到为什么不参与时,村民说那(选举)都是些没用的,一家有一个人去一下就行了;当和村民聊起他的生意时村民立马有精神多了,也愿意更多地对此进行交流,可见村民最为关心的是他的经济生活,对村里的选举基本处于漠不关心的状态。

对重点观察村D村村民委员会换届选举大会的观察发现,到计票结束时留在选举大会现场关心换届选举的都是各小组的组长和该村村民委员会换届选举的工作人员,少有村民留下来等待最后计票的结果。可以看出普通村民在实质上是不关心他们这次选举结果的。每个人的政治效能感会影响其参与政治的行为。从该地选举结果也可以看出该镇只有个别村最后选出的村委会主任不是村支委书记，绝大部分新当选的村支委书记成功当选了村委会主任，绝大多数村民和换届选举工作人员在心理上达成了共识——选新当选的村支委书记当上村委会主任。也就是说，在这样一个心理共识下村民们意识到了自己的投票没有改变选举结果的力量，也就丧失了参与村民委员会换届选举的重要动力。

（三）标准与自觉的关系维度

标准与自觉二者是对立统一的，一方面标准和自觉之间存在着矛盾，群体统一性的标准要求会压缩个体自觉的创造空间，标准如果脱离实际，会成为个体自觉行为的最大阻力；另一方面标准和自觉之间又是统一的，二者都是为了实现目标，标准可以规范个体的行为产生秩序为实现目标创造稳定的大环境，自觉可以充分调动个体的创造性，以灵活、迅速和及时地解决实现目标过程中遇到的问题。我们需要找到标准与自觉之间的平衡（这个平衡不是固定的而是动态的），要时刻警醒出现过度的标准化和过度的自由化。

标准制定出来即意味着可以量化考核，因此具备外部约束作用，在本次村民委员会换届选举工作中Y县提出争取村党组织书记和村委会主任"一肩挑"比例100%的目标。争取100%的目标本身就是一个量化考核标准，将每一位村党组织书记成功选为村委会主任成了工作考核的内容，至此实现"一肩挑"100%成了乡镇干部的政治压力。但是任何一种外部压力必须融合人的内在动力才能充分激发和释放人的劳动积极性和劳动能力，乡镇干部面对100%的外部政治压力时需要找到和内在动力融合的地方，将100%的目标作为一种自发自觉的追求。

观察统计数据显示，三个村的选民实际到选举大会投票的占总登记参加选举的选民比都没有超过31.0%，P村和D村更是在23.0%以下。既然实际到会场参加投票村民只有登记参加选举的村民数的百分之二三十，那百分之六七十无法到会投票的村民是怎么登记上去的呢？观察发现该镇选民登记时并没有挨个通知村民并确定他们是否到会参加选举，也没有挨个确定无法到会的村民是委托亲戚或其他村民投票还是直接放弃选举权，而是直接按着户口簿上年满十八岁的村民进行登记并公布。

观察统计数据显示有效选票中委托投票数占实际投票数的比重很高,最低的 Z 村也达到了 48.1%,占比近一半,也就是说在实际投票中有近一半选票的委托票。P 村和 D 村委托投票数占实际投票数的比重更是达到了 66.6% 和 64.2%,近 2/3 的选票是委托票。

综上可见,如何协调融合各级人员的外部压力和内在动力,进而充分调动各级工作人员的积极性和主动性,并激发各级工作人员的活力和创造性已成为中国民主政治进步的一大挑战。

二、相关建议

(一)加强乡村集体经济建设

加强集体经济建设,提高农业科技利用率促进乡村资源开放和经济发展。乡村经济发展困难是影响村民委员会选举的重要原因,乡村经济的发展直接关系着村民对村党组织的信任和村民参加选举的意愿。乡村经济发展可以增加农民的收入,有利于切实保障和实现村民的生存权和发展权。经济发展了,村庄才有资金增加公共服务的投入,改善乡村居住环境,村民们也才能更加积极地参与到和村委会有关的公共事务中来。当前农村劳动力外流严重,农村劳动力不足,应该及时把力量集中起来发展农村集体经济。村党组织需要带头抓农村集体经济建设,有效利用现代农业科技和现代网络技术推动村庄集体经济的发展,将闲置的荒山和利用率低的山地、田地、湖泊等充分开发出来。科学技术是第一生产力,我们党是一个善于学习的党,基层党组织同志更应该起到学习榜样作用,主动学习先进农业科学和管理技术去推动农村生产发展。如果村庄缺乏带头致富的人,乡镇和县政府有必要积极地为村庄发展出谋划策,做好务工人员返乡创业和村庄精英引进工作。地方政府和村庄团结起来谋发展,既有利于地方经济的发展也有利于村庄和乡镇和谐关系的建设,进而助力社会主义现代化建设。

(二)加强选举组织管理

加强组织管理,增配专门负责换届选举指导工作的工作人员。该镇在组织机制上规定:“每个村将由镇领导班子成员挂点联系并派驻督导组。建档立卡贫困村‘两委’换届由驻村工作队全程指导把关。健全工作制度,建立部门联动机制和联席会议制度,镇组织办牵头抓总、统筹协调,民政办依法指导监督村民委员会换届,纪检监察办、党政综合办、宣传办、综治办、信访办、扶贫办、共青团、妇联等部门各司其职,密切配合。”概而言之即“责任村制”和“各部联动机制”。这种组织机制我们在观察中发现村民委员会换届选举的指导工作最后实际的工作量大部分压在了民政办公室这一个部门上,而民政部门只有4个人,加上分管民政工作的镇党委副书记也只有5个人。村“两委”换届时间集中在两到三个月,这期间工作量大、任务重、压力大,只靠四五个人难以扎实做好一个镇的换届选举工作。乡镇需要进一步改进组织机制,在村“两委”换届期间调派各部门部分人员专门进行“两委”换届选举工作。

(三)加强基层干部教育

加强干部教育,增加针对政府基层干部和村选举委员会成员的换届选举学习会。基层干部和工作人员平时工作琐碎,大部分干部对村民委员会换届选举工作不熟悉,有些工作人员以前没有接触过村民委员会换届选举工作,为了促进村民委员会换届选举工作依法规范推进并通过村委会换届选举增强党的权威和政府公信力,应该在换届选举工作准备阶段和换届选举过程中增加针对政府基层干部和村选举委员会成员的知识教育。在教育过程中,除了要讲解具体相关选举程序的知识,也要重视通过教育过程提高换届选举工作人员对村民委员会换届选举重要性的认识,激励政府基层干部和村选举委员会成员自觉自为去推动基层民主政治发展。

(四)加强村民思想工作

加强村民思想工作,不但要大力发展地区经济,更要通过多种形式加强村民思想政治教育,提高村民民主政治意识,激励村民主动参与村公共事务。如今社会主义市场经济日益发展,很大程度上加剧了村庄中的村民个体化,村民的个体自由度增加,对基层政权的依赖减少,也导致了很多村庄公共行动难以实现,村庄公共事业滞后。个体规避风险的能力始终有限,集体力量如果一直难以得到加强会严重阻碍社会医疗保险和养老保险制度的健全,村民个体承担的风险过大会构成经济社会持续健康发展的瓶颈,也会损害村民个体和家庭幸福生活的实现。村民的权利和义务是统一的,村民享有国家赋予的基本权利就需要自觉去履行相应的义务,村民委员会换届选举工作必须重视对村民进行思想政治教育，提高村民的政治觉悟，促进村民自觉参与村庄公共事务。村民自觉参与村庄公共事务有利于村干部和村民关系的和谐发展，也有利于促进村公共事业的发展，进而能够更好地维护和实现村民的权利，推动乡村治理现代化的发展，助力农民脱贫奔小康和乡村振兴。

第四节　余论："双过半"规则的实践考量

一、选举新情况：委托投票数比重在实际投票数中居高不下

表 3-2　三个观察村委托投票数情况统计表

单位	村民总数（人）	选民登记人数（人）	委托投票数（张）	实际投票数（张）
Z 村	1752	1297	369	767
P 村	3103	2356	998	1498
D 村	2686	2048	834	1300

通过数据分析首先可以知道的是实际投票数都超过了选民登记人数的一半，符合《中华人民共和国村民委员会组织法》的规定，Z、P 和 D 三个村实际投票数占选民登记人数比分别为 59.1%、63.6% 和 63.5%。虽然实际投票数都超过了选民登记人数的一半，但都没有超过七成，也就是说还有至少三成登记参加选举的村民既没有到会场投票也没有委托他人投票，他们中有些人主动放弃了选举权利，但也有不少人"被放弃"了选举权利。

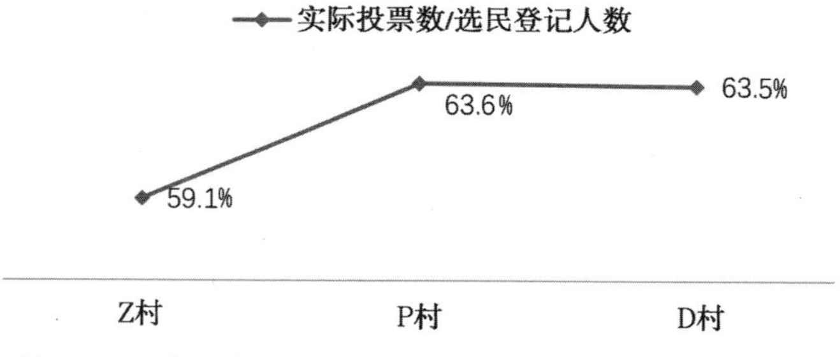

图 3-2　三个观察村实际投票数占选民登记人数比重情况图

通过对委托投票数占实际投票数的比重进行分析,可以清楚地看到委托投票数在选举大会有效票中的比重较高,可见该地召开村民大会进行村民委员会换届选举时委托投票情况较为普遍。

进一步对该地村民委员会换届选举数据进行分析可以看到,实际到会场的选民占选民登记人数的比重较低,也就是说实际到达会场投票的村民不到选民登记人数的50%,而大部分的村民并没有到达会场进行投票。

二、新情况产生的原因分析

委托投票数占实际投票数的比重居高不下的形成原因是多方面的,造成这一选举现状的主要原因是经济基础与上层建筑不完全相适应而产生的,改革开放四十年以来经济社会发生了翻天覆地的变化,相比经济社会的剧烈变革,作为政治的上层建筑变革稍显缓慢,这种相对缓慢有国家社会需要稳定发展的现实因素,这也是处理好改革、发展和稳定关系的关键所在。

具体而言,形成委托投票数占实际投票数的比重高居不下这一状况主要有以下两个方面的原因:

1. 农民外出工作期间回村利益损失大,回村参会投票者少

利益是社会政治心理和政治思想的源泉。作为观念而存在的政治心理和政治思想,来自人们的利益和利益关系,反映着人们的利益内容和利益要求,并服务于特定的利益要求。利益是社会成员政治行为的动因。在社会生活中,人们之所以从事政治活动,其根本动因在于人们为实现自己的利益的要求。外出务工获得收入进而改善生活是绝大部分村民最大的利益,而村民在村庄的利益与之相比处于次要地位,当外出务工和村庄利益发生冲突时村民会选择那个更大的利益而放弃小的利益,这是村民回村参会投票少的根本原因。

2. 农民的权利坚守和法律的"双半"规定,放弃投票者少

政治权利"就是在特定的经济社会关系及其体现的利益关系基础上,由政治权力确认和保障的社会成员和社会群体的主张其共同利益的法定资格"。在农村,土地对农民的特有价值构成了农民在乡村社会利益的基础,土地尤其是宅基地和耕地对于传统农民来说具有不可替代的价值,失去这些土地等于失去安全感,这些土地是传统农民实现人生价值和守护精神家

园的关键。虽然很多外出务工的农民认为自己的投票没有多大决定作用,但他们很少愿意直接放弃这一权利而更多的是选择委托家人进行投票。

《中华人民共和国村民委员会组织法》第十四条规定:选举村民委员会,有选举权的村民的过半数投票,选举有效;候选人获得参加投票的村民的过半数的选票,始得当选(下文简称"双过半"规定)。回村投票的村民少,直接放弃投票权的村民也少,既不回村又不放弃投票权必然造成委托投票的人很多,而"双过半"规定也迫使村选举委员会和基层政府鼓励村民参加投票选举。虽然农民外出务工但他们依旧是农村的村民,而且大部分外出务工的农民都是农村的精英,而这些农村精英外出务工时流动性很强也导致他们的选举权在外地很难得到保障,所以法律允许村民委托投票是保护农村外出务工农民选举权的一种制度设计,而农村委托投票数占实际投票数的比重居高不下是当下经济社会现实与政治制度冲突调和的一种体现。

三、对新情况的思考

1. 从政策层面看,势必影响村民自治能力的提高

全面贯彻落实新时代党的组织路线,按照忠诚、干净、担当的标准选出扎根基层的好干部极为重要。基层干部来自群众,并在与群众的交往过程中成长,群众自治能力的强弱会直接影响基层干部的能力素质。村民委员会换届选举中村民"选谁都一样"的心理感受会压抑村民自治热情、弱化自治能力,久而久之也会产生村民对村民自治的怀疑、冷漠和排斥甚至破坏的态度。村民自治能力不是与生俱来的,它和劳动技能、生活技能一样都需要不断锻炼和培养,它是一个发展的过程。我们知道选举需要村民的组织动员能力、理性表达能力和民主协商能力等等,这些能力都需要政治实践去锻炼提高。

2. 从理论层面看,势必影响党和政府权威的增强

权威,"就是对权力的一种自愿的服从和支持",它有三种基本含义:其一,权威是使对象自愿服从的能力;其二,权威是具有合法性的权力;其三,权威是使对方信从的影响力。权威的基础归根到底是信任问题,这种信任来自权威得以运用的制度体系的正当性,以及权威者所发布命令本身的正

当性或命令发布方式的正当性。具有了合法性就具备了行为的正统性或正当性,因而,也就等于拥有了权威。基层党和政府权威源自村民对党和政府的内心认可与服从,这种整体的认可和服从会表现为对国家法律和制度认同与捍卫,也会表现为对党员和政府官员的信任与认可,还会体现在对党和政府政策的执行落实的支持上。社会主义民主政治的现代化需要不断巩固和加强执政党的权威,因此就需要村民选出自己认可的"当家人",如今在村民大量外出务工的背景下很难选出村民自身真正认可的村委会成员,这就埋下了村民对村委会不信任的种子,也就难以进一步巩固和加强基层党和政府的权威。村民的直接授权是村级公共权力合法性的关键来源,也是村级公共权力合法性的显现,而高比重的委托投票与村民直接授权理念明显冲突,这不但不会巩固和增强村级公共权力合法性,反而会降低它的合法性。

3. 从实践层面看,势必影响"官""民"关系的改善

村级公共权力合法性难以提高、加强基层党和政府权威的直接影响将是"官""民"关系难以改善。村民委员会选举中造成的村民对村干部、镇干部的不信任会延续到村委会对公共事务的管理和国家政策在农村的落实中,进而增加公共事务管理成本和国家政策落实成本,也会对政策落实效果和党和政府形象造成不利影响。"官""民"关系难以改善一直处于一种管理与被管理的状态,这与国家治理现代化的理念存在矛盾,国家治理现代化强调"官""民"共治(治的是地方公共事务和地方纠纷),而不是"官"对"民"的简单管理。我们要推进基层治理的现代化进而为国家治理现代化作出贡献就需要不断改善"官""民"关系,摆脱管理与被管理旧状态迈向"官""民"共治和谐相处的新状态。

第四章　十堰市郧西县换届选举试点：委托投票的是与非

村(居)民委员会是村(居)民自我管理、自我教育、自我服务的基层群众性自治组织,村(居)民委员会换届选举是夯实基层政权、关系民计民生的政治大事。为全面了解掌握十堰市郧西县2018年村(居)民委员会换届选举动态,观察组前往十堰市郧西县换届选举省级观察点,通过查阅档案、旁听会议、入户走访等方式实地驻点一个月,持续跟踪观察该县C镇W村村民委员会换届选举全过程,同时对X村和J社区换届选举中推选村(居)民选举委员会、选民登记、推选村(居)代表、提名候选人、选举大会等关键节点进行实时观察。通过实地驻点观察此次换届选举全过程,三个观察点的换届选举工作基本严格按照《中华人民共和国村民委员会组织法》《湖北省村民委员会选举办法》《湖北省居民委员会选举办法》等法律规定以及省、市、县的换届选举规定要求,依法、依规有序推进,各项基本程序都已到位,选举结果合法有效,符合法律法规要求。观察点在依法依规推进换届选举工作的同时,"委托投票"等关键环节也出现了程序到位但不规范的问题,观察组建议十堰市郧西县观察点村(社区)应主动把握法律法规及政策新要求,克服经验主义,力争将换届选举工作做扎实,为农村基层治理选好村(社区)干部。

第一节　十堰市郧西县换届选举观察点基本概况

一、换届选举观察点的基本情况

十堰市郧西县,北依秦岭,南临汉江,东接郧阳,西邻西安,守湖北之

“门户”，扼西安之“咽喉”，故谓“郧西”。周边与陕西的商南、山阳、镇安、旬阳、白河五县及本省郧县毗邻。全县版图面积 3509.6 平方公里，现辖 18 个乡镇（场、区），348 个村（居委会），总人口 50.9 万人，集老、少、边、贫、库于一体，是湖北省解放最早的县、国家新阶段扶贫开发工作重点县、南水北调中线工程水源保护核心区。郧西人文历史悠久，郧西史自大禹，契封商国，秦属钖地，晋改郧乡，明成化十二年建郧西县。境内“上津古城”距今已有 4000 多年历史，上津古镇曾经 23 次建县、7 次设郡、4 次置州，素有“古塞上津、天子渡口”之美誉，2007 年被评为“中国历史文化名镇”。郧西是革命老区，李先念、贺龙、徐向前等曾在此浴血奋战，1947 年解放，是湖北省解放最早的县。郧西自然资源独特，被誉为中国喜鹊之乡、油桐之乡、天河七夕文化之乡。郧西县 C 镇全镇版图面积 127.75 平方公里，下辖 21 个行政村、173 个组、14 个社区居委会、202 个居民小组，总人口 72612 人，耕地面积 17296 亩。C 镇 W 村位于郧西县城西北角，如表 4-1 所示，全村总面积 3.916 平方公里，共有 10 个村民小组，774 户，总人口为 2825 人，现任村委会干部共 6 人，其中妇女委员 1 人，村委会建设以“五务合一”为标准，服务功能齐全。村内建有村级文化广场、村民健身运动场、农家书屋、W 村小学、3A 级红色旅游教育基地。X 村总面积为 6.9 平方公里，共有 8 个村民小组，该村常住总人口 2766 人，现任村干部 6 人，其中妇女干部 2 人。J 社区总面积为 1.997 平方公里，辖 7 个村民小组，18 个居民小组，总人口为 7484 人，现任居委会干部 12 人，其中妇女干部 3 人，社区历经多次改造，是一个村居合一型社区。

表 4-1　十堰市郧西县观察点村（社区）情况

单位	面积（平方公里）	总人口（人）	村民小组（个）	党员（人）	上届两委（人）
W 村	3.916	2825	10	59	6
X 村	6.9	2766	8	41	6
J 社区	1.997	7484	7	169	12

数据来源：观察员与村（社区）书记访谈

郧西县三个观察点是典型的城中村（社区），由于郧西县城市建设、项目建设、民生工程等需要，村（社区）里的土地大部分已被征收作为工业建设和城市建设用地，这就导致了村庄（社区）的土地不断减少，因此村民或居民的收入来源主要是以外出短长期务工为主,就此次村(居)民委员会换届选举来讲,这种务工型经济模式为换届选举组织选民,特别是给登记选民工作造成了一定的难度。

二、十堰市郧西县观察点换届选举工作安排

2018年湖北省村(居)民委员会换届选举是党的十九大召开后农村基层民主的一次重大实践,是在乡村振兴、精准脱贫、扫黑除恶背景下进行的,是一项程序性很强的工作,因此需要各级党委政府的高度重视,以强烈的政治责任感做好此项工作,在这样的新背景、新要求下,郧西县各级党组织高度重视,逐步建立起各级党委政府、职能部门联动的工作机制。

(一)总体时间安排

1. 县级层面:政策文件支撑

为做好此次换届选举工作,中共郧西县委办公室和郧西县人民政府办公室联合印发了《郧西县2018年村(社区)"两委"换届工作方案》,方案中要求,郧西县村(社区)"两委"换届工作从2018年9月下旬全面启动,按照先村(社区)党组织、后村(居)民委员会的次序展开,10月中旬完成前期准备工作,11月10日前完成党组织换届选举工作,12月15日前完成村(居)民委员会换届选举准备工作,12月15日为村(居)民委员会换届选举日。并且相继成立郧西县村(社区)"两委"换届工作领导小组、郧西县村(社区)"两委"换届工作督导组,在郧西县村(社区)"两委"换届工作领导小组办公室的指导下,制定和印发了《第十届村(居)民委员会换届选举工作实施方案》《关于做好全县村委会换届选举投票工作的通知》《村(居)民委员会暨第二轮换届风气巡查工作方案》,组织编写了郧西县村(社区)"两委"换届工作日程安排和全县村民委员会换届选举工作流程图。

2. 乡镇层面:细化工作流程

观察点所在的C镇为指导做好此次换届选举工作,按照《郧西县2018年村(社区)"两委"换届工作方案》《郧西县第十届村(居)民委员会换届选举工作实施方案》文件要求,以镇党委、镇政府的名义分别制定和下发了《C镇第十届村民委员会换届选举工作实施方案》《C镇第十届居民委员会换届选举工作实施方案》,方案中就全镇的换届选举工作按照时间节点进行了

详细安排，从 C 镇换届选举日程安排表（表 4-2）中可以看出 C 镇换届选举工作从 11 月 5 日启动，至 12 月 16 日基本结束，历时 41 天，具体分为五个大阶段、十五个具体工作步骤，每一个步骤都明确规定了工作内容、责任主体。郧西县、C 镇下发的关于此次换届选举的政策文件为观察点依法依规有序推进换届选举工作提供了工作指南和操练手册。

表 4-2　十堰市郧西县 C 镇换届选举日程安排表

阶段	日期	事项
第一阶段：准备阶段	11 月 5 日至 9 日	第一步：建立选举工作机构
		第二步：培训骨干
第二阶段：登记选民和推选村（居）民代表	11 月 13 日至 28 日	第三步：召开选委会会议通过选民登记办法
		第四步：召开选委会会议通过村（居）民代表推选办法
第三阶段：直接提名和确定候选人	11 月 29 日至 12 月 6 日	第五步：候选人提名准备
		第六步：村（居）民直接提名候选人
		第七步：确定正式候选人
第四阶段：正式候选人竞选、投票选举	12 月 6 日至 16 日	第八步：正式候选人竞选
		第九步：投票准备
		第十步：召开选举大会
第五阶段：工作移交，健全各类组织、建章立制	12 月 16 日至 26 日	第十一步：工作移交
		第十二步：健全各类组织
		第十三步：推选村监委
		第十四步：建章立制
		第十五步：总结归档

资料来源：摘自 C 镇换届选举实施方案，有删减

3. 村（社区）层面：因地制宜部署

W 村、X 村、J 社区按照镇党委政府印发的文件要求，分别制定了本村（社区）的换届选举实施方案并以致信的形式向全体村（居）民公开，三个观

察点换届工作时间如表4-3所示。从表中可以看出,观察点在严格遵照镇党委政府制定的时间以外,更是突出地按照自身村的实际情况,坚持原则性与灵活性相统一的原则,持续推进换届选举工作。在具体的换届选举工作中,观察点按照规定的时间节点实事求是、因地制宜地推进换届选举工作,观察组对其中推选村(居)民选举委员会、选民登记、推选村民代表、提名候选人、召开选举大会等关键环节进行了全程跟踪观察。在整个换届选举中,观察点按照相关法律法规形成了“开会研究事项→发布工作安排公告→推进相应阶段工作→发布工作结果公告”这样一种换届选举工作推进程序,不但落实了会议决策制度和体现了民主集中制,而且也充分保障了村民的知情权。

表4-3 观察点换届选举时间安排

单位	推选选委会	选民登记	推选代表	提名候选人	选举大会
W村	11月15日	11月15日至25日	11月26日	12月2日至3日	12月15日
X村	11月15日	11月15日至24日	11月25日至28日	11月29日至12月2日	12月16日
J社区	11月14日	11月15日至23日	11月24日至28日	12月3日	12月15日

资料来源:观察员实际观察所得

(二)总体工作安排

郧西县换届选举观察点坚持以法律法规为遵循,严格按照相关程序要求,准确把握和解读相关政策程序,扎实推进2018年村(居)民委员会换届选举各项工作,特别是在登记选民、推选村民代表、提名候选人、召开选举大会等关键阶段,详细周密地安排了相关工作,为整个换届选举的稳步有序推进奠定了良好的工作基础,形成了丰富的工作经验。

1.细化责任主体,扎实推进选举进度

W村、X村、J社区在此次换届选举工作中根据本村(社区)的换届工作安排,形成了村或社区党支部领导下的“党支部领导→选举委员会负责→村民小组长实施”工作格局。这种结构化的组织体系在整个换届选举中发挥了重要的作用,保障了选民登记、推选村民代表、提名候选人、选举大会环节的顺利进行。

按照相关法律法规要求,村(社区)的换届选举工作由新成立的选举委员会主持,观察点在党支部的领导下相继成立选举委员会,在党支部的领导下积极主动地开展相关工作,并在换届选举的各项程序中,逐步形成了高效的组织工作体系。特别是在选民登记工作开始前,观察点严格按照郧西县和C镇的工作时间安排,在党支部的领导下,由选举委员会主任对各个村民小组的登记员进行了集中培训,培训的内容主要包括与此次换届选举相关的法律法规、政策文件等。观察点按照本村或是本社区选举委员会第一次会议的要求扎实推进选民登记阶段,由村民小组长兼任的选民登记员,采取集中登记和上门登记方式进行选民登记工作。在整个组织体系中,村民小组长处于最为基础的地位,所有的小组会议都需要村民小组长负责组织。这种组织工作体系的优点在选举大会现场展现得更为明显,因换届选举大会现场参会人数众多,会议议程及事项繁杂,所以工作人员组织纪律显得极其重要。

这种组织化的工作机制,不仅在一定程度上保障了换届选举各项工作能够扎实有效推进,而且也提高了工作效率和真实性。

2. 创新方式方法,完善选举工作程序

对于W村、X村、J社区来说,因村庄人口多、人员复杂,再加上此次换届选举时间紧、任务重、要求高,以往的工作方式在这项工作面前显得有些不足,因此,观察点多举措创新工作方法,促进各个程序工作按照预定时间圆满完成。

在选民登记阶段,X村有8个村民小组,原先准备以村民小组为单位,由登记员上门登记,X村选举委员会综合考虑村民居住情况,在原有村民小组基础上,创新工作方式方法,将8个村民小组划分为两个片区,同时将登记员统筹安排,采用小组间合作的方式进行选民登记。这种工作方式有效地促进了X村选民登记工作,主要表现在:一是改变了过去的选民登记工作方式,提高了选民登记效率,为后期选举委员会核实选民人数奠定了良好的基础;二是提高了选民登记的真实性,这种"合作式"的工作方法,有效地避免了选民登记过程中的漏登、错登现象。在提名候选人阶段,W村召开选委会会议通过候选人提名办法,拟在两天内采用召开小组会议的形式提名候选人。面对两天内要完成10个村民小组的候选人提名任务,W村选举委员会充分调动选举委员会、选举监督委员会成员、现任村委干部以及村民小组长的积极性,科学合理地分配人员,组成临时工作小组,分别组织召开各小组提名候选人会议,顺利地在规定时间内完成提名工作。

在换届选举中创新出的新做法,一方面是有效促进此次换届选举工作高效推进,另一方面也为后期村两委开展村级事务管理工作提供了新方法、新经验。

3. 营造浓厚氛围,提高群众积极性

为了做好此次换届选举工作,W村、X村、J社区三个观察点采取多种方式广泛宣传,努力营造浓厚的选举氛围,充分保障了村民的知情权与参与权。

X村充分发挥村内老教师、书法爱好者的优势,采取传统手写方式制作条幅,并且在选举大会现场,用毛笔撰写大会议程事项。这种手写方式不仅在方式方法上显得很新颖,而且给村民的心理上带来一种亲切感,在某种程度上也促进了村民参与选举的积极性。J社区根据不同阶段的换届工作重点,制定相应的宣传内容,有效利用便民服务大厅的LED显示屏随时滚动播放各项选举内容,起到了很好的宣传作用。在传统宣传方式与现代科技宣传方式相结合的综合施策下,三个观察点群众的积极性与参与度逐渐提升。从图4-1可以看出,W村和X村选举大会现场到会参会人数超过选民登记人数,最终实际投票人数也是超过原定人数,这在某种程度上表明W村和X村村民参选意识、民主意识良好。

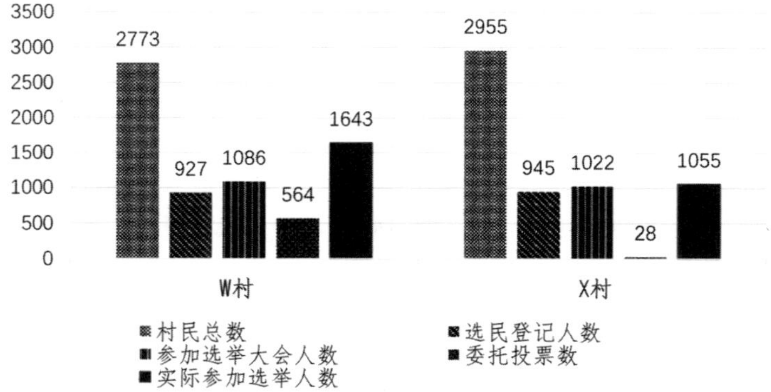

图4-1 观察点换届选举关键数据(人数单位:人,投票数单位:张)

4. 建立交流机制，整改突出问题

为做好此次换届选举工作，C 镇专门建立村书记工作 QQ 群和微信群，一是为指导帮助解决各个村在换届选举中遇到的程序和政策不清的问题，二是便于村与村之间、社区与社区之间就换届选举中的问题进行充分交流与互相监督。

W 村、X 村、J 社区三个观察点在每次张贴公告时，除了选举委员会主任审核外，还利用微信群将此公告以照片的形式发给镇组织办工作人员审核，经审核通过后，才能将此公告张贴于公告栏，并且将公告发送至交流群，村与村之间交流汇报工作进度。除了这种做法，观察点之间以及观察点与非观察点之间还建立了一种非正式的交流学习机制，比如学习观察点如何安排布置工作、如何发布公告，如何高效整理换届选举档案资料。通过这种非正式的交流机制，观察点在向其他地方展示成功做法的同时，也促进了工作的不断改进。这种方式除了借鉴学习成功做法，更重要的也是在做宣传，做监督，促使换届选举各项工作做得更到位、更规范。

第二节　换届选举的基本过程与方法

村（居）民委员会换届选举工作具有程序性、过程性、步骤性等特点，其中推选选举委员会、登记选民、推选村民代表、提名候选人、召开选举大会等阶段构成整个换届选举流程中的重要节点与衔接点。观察组对重要节点进行了全程观察，详细记录了整个过程。

一、换届选举全过程记录

（一）推选选举委员会阶段（11 月 15 日）

11 月 15 日下午，W 村在村委会三楼会议室召开村民代表会议讨论推选选举委员会、选举监督委员会以及登记选民事宜。在正式召开村民代表大会前，现任村干部以及扶贫工作队和驻村干部先召开了小范围的会议（统一思想会），在这个小范围的会议上，现任支部书记初步提出了选举委员会的人选，经过与会人员讨论后通过。随即召开村民代表会议，在会上，先由驻村工作队队长带领大家学习 C 镇换届选举实施方案以及 W 村总体工作安排,接着由支部书记主持会议,向各位村民代表提出选举委员会以及选举监督委员会的初步人选,之后各位村民举手表决一致通过了提名名单。村民代表会议结束后,立即召开了选举委员会及选举监督委员会第一次会议,安排部署了登记选民等其他前期工作,因此可以说W村村民代表会议是多个会议合并召开。在15日下午整个会议结束后,村文书打印校正了第1-4号公告,并张贴。

11月14日上午,X村在村委会召开了村民代表会议,会上先由驻村干部带领大家学习换届选举相关文件,接着由支部书记提出选举委员会、选举监督委员会初步人选,让各位村民代表讨论之后进行了举手表决,会上也是一致通过了选举委员会、选举监督委员会成员。

11月14日上午,J社区在居委会会议室召开居民代表会议推选选举委员会和选举监督委员会,参会人员不仅有居民代表(含驻社区单位代表),还有党员代表、驻村干部等人员,在大会上采取票决的方式推选,并且由几位德高望重的党员现场计票,当场宣布结果。

(二)登记选民阶段(11月15日至11月25日)

11月15日,W村选举委员会成立后,16日早上便开始了登记选民工作,W村共有10个村民小组,因此选举委员会就安排了10名登记员,这10名登记员中,包括党员代表、村民小组长、村民代表等身份,据支部书记说,因为这些人具有较高的文化程度和较强的责任感,让这些人担任登记员便于开展登记选民工作。21日早上8点左右,观察组跟随第三小组登记员上门观察登记选民,这名工作人员佩戴工作证,拿着户口册上门登记,登记员先是询问村民家里常住几口人,并询问常年在家村民是否都能参加选举,将这些村民先进行登记。然后询问那些在外务工村民的电话号码,并在登记册上记录下来,待登记完毕之后,由选举委员会工作人员逐一打电话确认是否回村参加选举。W村登记选民工作预计安排10天时间,实际7天已经完成。W村最终登记选民共927人,其中委托投票564人。

11月16日,X村开始进行登记选民工作,共有8个村民小组,8名登记员,由各组登记员采取上门登记和集中登记相结合的方式进行。22日上午8点半,观察组跟随C镇民政办主任一同前往X村观察选民登记情况,在村干部的带领下,到了第六村民小组集中登记点,在登记现场,有两名工作人员使用两本台账进行登记。现场的选举委员会成员向观察组介绍了登记的基本情况，X 村原本打算由各个小组分别登记本小组的选民，但后来考虑到村民并不是集中居住，而是片区居住，因此选举委员会决定将原先的 8 个村民小组分成两大片区，采取小组间合作方式进行，即原本每个小组只有 1 名登记员，现在变成每组 2 名登记员。针对那些户籍在本村但人不在本村的这种情况，X 村在登记现场由选举委员会成员现场打电话确认其是否参加选举，如果不参加选举，将其记录下来，并由亲戚或者家属签字确认。X 村最终登记选民共 945 人，其中委托投票 28 人。

11 月 15 日下午，J 社区开始进行选民登记工作，社区共有 12 个居民小组，总共安排 12 名登记员，采取上门登记方式进行登记。23 日上午，观察组跟随第二小组的登记员上门观察选民登记工作，J 社区以户口本为准进行登记，在登记员使用的登记册子上看到，J 社区选民登记全面记录选民信息，这其中包括身份证号码等关键信息。因为社区 2018 年换届选举启用新的选举办法，因此不存在委托投票程序，登记员也是基本上按照户口花名册以及社区常住人口进行登记。最终 J 社区登记选民人数 2289 人，登记用时 8 天。

（三）推选村民代表阶段（11 月 24 日至 11 月 28 日）

根据 C 镇换届选举实施方案要求，选民名单发布后 10 日内，村民选举委员会召开会议，讨论确定第十届村民代表人数、推选条件、产生办法等。

11 月 25 日下午，W 村召开了选举委员会会议，讨论确定了村民代表推选事宜，会议讨论决定，将村民代表名额分配到每个小组进行推选，W 村共 10 个村民小组，每个小组推选代表 3 人，其中妇女代表 1 人，以召开本小组 2/3 以上户代表会议、举手表决方式产生村民代表，并且让现任村干部以及选举委员会成员到各个小组指导推选代表工作。26 日下午，观察组跟随支部书记前往第五、六、八村民小组观察推选村民代表状况。在第六村民小组现场，到会村民比较多，小组会议开始后，先由支部书记向大家介绍下本次换届选举的一些基本情况以及前期登记选民工作，特别是选民登记遗漏的，要及时补登，然后由各位户代表及村民小组长提名本组代表，在提出人选后，书记就现场征求大家意见，说“这几个人当选第六小组代表，大家有没有意见”，现场没有人表态，这样就推选出了本组村民代表。

11 月 25 日上午，X 村召开选举委员会会议讨论确定村民代表推选事宜，经会议研究讨论，召开小组 2/3 以上户代表参加的小组会议，以无记名投票方式产生。27 日下午，观察组跟随选举委员会工作人员来到第三小组推选代表现场，经选举委员会工作人员清点，本小组应到户代表 51 人，实到 50 人，本小组会议先由小组组长带领大家学习 X 村换届选举实施方案，然后再向与会户代表发放选票，小组推选代表现场秩序很好，工作人员佩戴工作证，使用投票箱等。同时值得注意的是，X 村在推选村民代表期间都是现场计票，现场发布计票结果，最终 X 村第三小组共推选产生村民代表 4 人。

11 月 24 日，J 社区召开了选举委员会会议，讨论确定新一届居民代表推选事宜，会议研究决定 J 社区推选代表 80 名，其中居民代表 71 名，驻社区单位代表 9 名，会议形式为召开居民小组 2/3 以上户代表会议，以无记名投票方式产生居民代表。27 日上午观察员跟随郧西县民政局工会主席一同前往社区现场观察推选代表情况，社区第五居民小组拟产生 7 名代表，选举委员会工作人员准备好了选票，现场发给大家，让与会代表填写，一位中年妇女表示“推选代表我得认真对待，这是我的权利”，在填写选票的过程中也有不会写字的居民，这些居民让身边的人帮自己代填。在各位居民填写选票结束后，选举委员会工作人员收齐各小组选票，社区等各个小组将推选居民代表票全部收齐后，统一在选举监督委员会的监督下集中计票。

从图 4-2 可以看出，W 村推选代表 30 名，其中妇女代表 12 名，X 村推选代表 33 名，其中妇女代表 12 名，J 社区共推选居民代表 71 名，其中妇女代表 24 名，驻社区单位代表 9 名。三个观察点推选代表中妇女代表均达到所有代表人数的 1/3 以上。

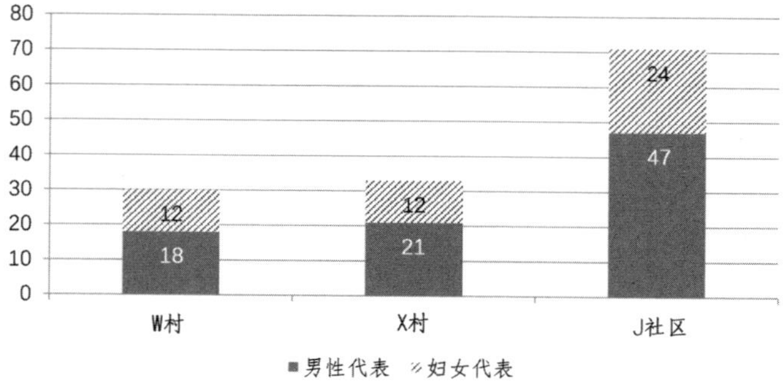

图 4-2　观察点推选村(居)民代表人数(单位：人)

（四）提名候选人阶段（11 月 29 日至 12 月 6 日）

按照郧西县换届选举相关要求，本届村民委员会换届选举实行有候选人的选举方式，在正式提名候选人之前，必须先召开新一届村（居）民代表会议和党员大会讨论通过新一届村委会班子职数、职位设置、交叉任职方案和候选人条件及提名办法。11 月 29 日下午，W 村召开了新一届村民代表大会和党员大会，讨论确定新一届村委会班子职位、职数、条件以及提名办法等，在会议现场，没有举手表决通过提名候选人阶段，观察员发现后，立即提醒各位代表举手表决通过。会议讨论确定，W 村新一届村委会共 5 人组成，主任 1 人，委员 4 人，采用召开村民小组会议形式提名候选人，同时在此次会议上向各位代表发放了代表证。11 月 29 日上午，J 社区召开新一届居民代表大会和党员大会，讨论确定第十届居委会成员名额、条件以及提名办法等事项，会议讨论确定社区拟产生居委会成员 12 人，其中主任 1 人，决定以召开小组过半选民会议形式提名候选人，同时 12 月 3 日之前也可以个人报名和 10 人以上联合提名的方式向选举委员会报名。

11 月 30 日上午，X 村第六小组召开小组会议提名候选人，主持会议的是一名高中老教师，主持人首先向各位选民说明了召开此次会议的目的、议程等情况，经过工作人员清点，第六小组应到选民 191 人，实到 113 名。接下来工作人员开始发放提名票，村民填写提名票，在村民每个人投一张票，工作人员记录一个名字，会议现场发出选票 113 张，收回选票 112 张。待计票结束后，选举委员会工作人员当场向各位选民宣布了投票结果。

12 月 2 日上午，W 村第四小组召开小组会议提名候选人，第四小组组长请村书记到四组去指导安排提名候选人，这个小组应到选民 221 人，实到选民 134 人。最终本小组发出提名票 134 张，收回 133 张，在整个村民投票结束后，工作人员将所有提名票封存起来，签字确认。等所有小组提名候选人会议结束，将全部提名票集中起来后，在选举委员会和选举监督委员会的共同监督下集中计票。

12 月 3 日上午，J 社区召开居民代表会议提名候选人，经过大会清点，此次居民代表会议应到 80 人，实到 74 人。会上共发出选票 77 张，收回 77 张，其中无效票 2 张，在计票快要结束时，驻村干部发现主任职位有两个人得票相等，按照规定如果两人得票相等的话，必须再次投票，经仔细检查，唱票有误予以及时纠正。

（五）在选举大会阶段（12月15日至12月16日）

12月15日上午10点，W村在村委会院内召开了W村第十届村民委员会换届选举大会，整个大会共有19项议程，主持人向大会现场报告此次选民登记人数共927人，参加选举大会1086人，委托投票564人，实际参加选举人数1650人。在进行到第四项议程“宣读《W村村民委员会选举投票办法》，报告本次选举工作进展情况”时因没有提前将相关信息填入主持词内，导致主持人停顿，突然停顿之后，主持人将本次换届选举工作进展情况汇报漏掉，出现这样的情况后，C镇党委书记立即提醒主持人，重新宣读第四项议程。在发票时，工作人员没有让村民拿出选民证和委托投票证发票，而是见人就发票，设置了秘密写票间，但很少有人去那里写票，而且还没有等主持人介绍选票时，部分村民已经开始写票。观察整个环节，W村在会前没有做好充分的准备，会议时间往后拖延了一个小时，整个大会进行了三个半小时。最终经过清点选票、计票环节，大会发出选票1650张，收回1643张，达到两个过半要求。

12月16日上午9点半，X村在外国语学校召开了X村第十届村民委员会换届选举大会，村民陆续来到会场。X村充分发挥村内老教师的作用，由一位高中教师担任大会主持人，这位主持人声音洪亮，讲话既规范又通俗易懂，整个大会现场秩序良好，工作人员负责敬业，大会议程按照既定环节依次进行。经过大会现场清点，本次换届选举登记选民945人，参加选举大会1050人，委托投票人数28人，实际参加选举1078人。进行到工作人员讲解选票时，在现场看到已经有部分选民开始写票了，所以在清点计票环节发现了部分废票，有些村民不按要求写票，也没有看到有人去秘密写票间写票。按照湖北省村民委员会换届选举指南要求，在清点选票时要将所有票箱的选票混合集中在一块清点，但其实大会现场并没有按照这个规定进行，清点时出现了不规范操作。经过大会现场工作人员的努力，大会现场发出选票1078张，收回1055张，其中弃权票23张，最终顺利地选出新一届村委会成员。

二、程序推进方法

W村、X村、J社区严格按照时间节点有序推进环换届选举工作，各个观察点在坚持基本工作方法的同时分别采用不同的工作方式推进换届选举各项程序。从表 4–4 可以看出，例如在选民登记阶段，W 村以村民小组为单位分别由登记员上门登记，而 X 村将 8 个村民小组以 4 小组为单位划分成 2 个片区，采取小组间合作进行选民登记。在推选村民代表阶段，W 村采用举手表决方式产生小组村民代表，而 X 村采用票决推选小组村民代表。

表 4-4　观察点换届选举关键程序工作推进方式

	W 村	X 村	J 社区
推选选举委员会	村民代表会议 （举手表决）	村民代表会议 （举手表决）	村民代表会议 （票决，现场计票）
登记选民	以小组为单位登记 （上门+集中登记）	划分片区登记 （上门+集中登记）	以小组为单位登记 （上门登记）
推选村（居）民代表	召开小组会议推选 （举手表决）	召开小组会议推选 （票决，现场计票）	召开小组会议推选 （票决，集中计票）
提名候选人	小组会议提名 （票决，集中计票）	小组会议提名 （票决，现场计票）	居民代表会议提名 （票决，现场计票）
选举大会	村民大会	村民大会	居民代表大会

观察点在采用不同的工作方式之前，均已按照既定实施方案要求召开选举委员会会议或是村（居）民代表大会讨论，以举手表决的方式通过相应阶段的程序推进方式，基本上形成了“开会研究事项→发布会议研究结果→按照会议要求推进各阶段程序→发布相应阶段结果”工作机制，充分体现了民主集中制原则。

三、观察点换届选举基本结果

W 村、X 村、J 社区的换届选举工作自 2018 年 11 月 5 日启动，依次进行了推选产生村（居）民选举委员会、选民登记、推选村（居）民代表、提名候选人等前期准备阶段，最终于 12 月 15 日、16 日召开第十届村（居）民委员会换届选举大会。其中，W 村和 X 村参加选举大会人数超过选民登记人数，村民到会率良好。

在全体村民和工作人员的共同努力下，观察点在换届选举大会上圆满完成各项议程，按照《湖北省村民委员会选举办法》第三十条“候选人或者参选人获得参加投票的村民过半数选票，始得当选”和《湖北省居民委员会选举办法》第三十条“候选人获得参加投票的居民、户代表或者居民代表（含驻社区单位代表）过半数选票，始得当选”的规定，候选人均已获得村民半数选票，符合法律要求，成功当选。

四、观察点换届选举观察基本结论

一是从程序合法到位角度来讲，在整个换届选举过程中，观察点始终以《中华人民共和国村民委员会组织法》《湖北省村民委员会选举办法》《湖北省居民委员会选举办法》为法律制度遵循，在推选选举委员会、选民登记、推选村（居）民代表、提名候选人、召开选举大会等关键环节都已具体落实，做到了规定环节不减、法定程序不少，依法依规地推进村（居）民委员会换届选举。

二是从工作方式方法角度来讲，整个换届选举过程中，观察点所有阶段的工作内容事先都已按照规定召开选举委员会会议或村（居）民代表大会讨论通过，严格遵循会议决策制度，充分体现民主集中制原则，基本形成“开会讨论确定→发布会议讨论通过结果→进行相应阶段工作→报镇党委→发布阶段工作结果”工作机制。

三是从信息公开透明角度来讲，换届选举各项工作都已按照相关要求得到认真贯彻落实，特别是在选民登记阶段，登记员逐一上门登记确保信息正确，并且所有工作结果均已张贴公告，告知村民。在换届选举大会现场，所有程序环节在群众的监督下进行，公开透明，公平公正，选举结果合法有效。

第三节　新情况：委托投票的现实图景

观察点在依法依规推进整个选举程序的过程中呈现出“新情况”，特别是 W 村、X 村在选民登记和召开选举大会阶段部署安排委托投票工作时，出现委托投票失范的现象。

一、选举新情况：委托投票失范

《中华人民共和国村民委员会组织法》第三章第十五条规定：“登记参

加选举的村民，选举期间外出不能参加投票的，可以书面委托本村有选举权的近亲属代为投票。村民选举委员会应当发布委托人和受委托人的名单。”《湖北省村民委员会选举办法》第五章第二十五条明确规定：“登记参加选举的村民应当按照规定直接参加投票。选举期间外出不能参加投票的，应当自登记参加选举的村民名单发布之日起的七日内通过书信、手机短信、电子邮件等形式委托本村有选举权的近亲属代为投票，在本村没有近亲属的，可以委托有选举权的其他村民代为投票，同时告知村民选举委员会。村民选举委员会经核查，确认委托有效后，应当在选举日五日前发布委托人和受委托人名单，并发放委托投票证。”第二十六条规定：“参加投票的村民凭选举证、委托投票证领取选票，独立填写后，投入票箱。”

按照《湖北省村民委员会选举办法》以及相关法律法规规定，在办理委托投票时必须严格规范，对委托投票严格把控。通过十堰市郧西县三个观察点换届选举的数据可以明显看出，W 村委托投票人数为 564 人，总选民数 927 人，其中委托投票人数占总选民数的一半还要多。综合对比下，在 W 村和 X 村全村总人口数不相上下、外出务工人员差不多的条件下，两个村的委托投票人数存在如此大的差异，这种差异一方面给换届选举提供了正向功能；另一方面也带来了工作困难，这是在登记选民以及办理委托投票时出现的情况。在选举大会上，按照相关规定，发放选票时必须凭委托投票证发放选票，但 W 村和 X 村的选举大会上见人发票，没有核实委托人和被委托情况。因此 W 村和 X 村在办理委托投票环节出现失范新情况，主要表现为两点：一是没有严格控制委托投票手续，二是选举大会委托投票不规范。

二、新情况产生的原因分析

W 村和 X 村在办理委托投票手续时出现新情况，这种新情况既有共性，又有个性，共性就是两个村都办理了委托投票，个性就是 W 村和 X 村在总人口基础不相上下的情况下，委托投票人数有很大差异，出现这种新情况的原因既有一般原因，也有特殊原因。

1. W 村委托投票人数多与村情密切相关

观察员通过与村干部座谈和实际在村庄走访发现，该村是一个典型的城中村，因为靠近 C 镇和郧西县城，所以就会经常面临征地拆迁问题，原本土地不多的W村在大量征地拆迁的情况下，土地越来越少，这样势必会出现人地分离，农民脱离土地的现象。在这种城镇化过程中，农民可利用的土地变少，也就无法通过土地来获取收益，由此引发大量农民外出务工。根据相关数据，W村户籍人口约为2700多人，常住人口约为1900多人，外出务工人员占整个户籍人口的30.0%左右。大量的人口外出务工给W村换届选举造成一定困难，为了充分保证换届选举符合"两个过半"要求，体现群众的民意，W村对外出务工人员办理了委托投票手续。

2. X村委托投票人数少与工作安排密切相关

根据观察员的观察发现，两个村在总人口数及常住人口数差不多的情况下，出现这么大差异的原因主要是X村在选民登记时严格控制了委托投票，在选民登记时，X村使用了两本台账，一本台账是针对户籍在本村而且人在本村，能够参加选举的村民，另一本是针对户籍在本村但人不在本村居住，在X村主要是指外出务工人员，现场登记时，由选举委员会工作人员直接打电话确认情况。观察员跟随登记员上门登记选民时，大部分村民表示"人那么远，回不来嘛"，或者是"为这个事从那么远的地回来，耽误上班"，在村民的自我意愿和选举委员会的工作安排的综合力量下，X村卡紧选民登记关，很少办理委托投票手续。

3. 总体来看，反映出村民政治参与意识薄弱

在不考虑两个村委托投票有很大差异的条件下，W村委托投票率高，而X村委托投票率低，由此委托投票呈现出村民参选的"两重性"，一方面是部分外出务工人员有强烈参选的意愿，但又因为各种实际原因无法回村参加，只能由亲戚委托其投票，行使选举权；另一方面有些村民对村民委员会换届选举没有兴趣，直接不想参加此次换届选举。综合"两重性"来看，委托投票失范反映出村民的参选意识不是很强。

三、对新情况的思考

（1）从政策层面来看，《湖北省村民委员会选举办法》第二十五条规定："选举期间外出不能参加投票的，应当自登记参加选举的村民名单发布之日起的七日内通过书信、手机短信、电子邮件等形式委托本村有选举权的近亲属代为投票，在本村没有近亲属的，可以委托有选举权的其他村民代为投

票，同时告知村民选举委员会。”这条明确规定了办理委托投票的四个基本条件：一是选举期间外出不能参加投票的，二是必须是在参加选举的村民名单发布之日起的七天内，三是委托人必须是近亲属或者村民，四是要通过书面或者其他形式留存委托。从这四点来说，W 村和 X 村在换届选举中出现的委托投票新情况是符合法律和政策要求的。由于法律政策本身与实际情况有所偏离，省市县的政策只是规定了可以办理委托投票的条件，并没有对委托投票做出特殊规定，而且这些条件中一部分在基层很难实施，尤其是湖北省规定各地在办理委托投票时要严格控制委托数量和严格审核委托投票手续，但因为各个地方的人口、村情等各方面存在差异，这个严格控制的标准是什么，并没有做出明确规定。

（2）从理论层面来讲，委托投票具有多重争议。其一，可能会违背委托人的意愿，侵害委托人的选举权。在组织办理委托投票时，委托人和被委托人之间形成了某种签约关系，委托人不能随意变更被委托人的决定和意愿，但因选民是一个个体，并且具有各自的独特特性，确实很难严格依照被委托人意愿来投票，特别是委托人和被委托人是同一个家庭的这种情况，如果只有一人在家可以投票，其他人外出，那么这个人有可能会在不咨询其他人意见的情况下进行投票，这就在某种程度上是违背了被委托人的意愿。其二，委托投票可能产生不公平的情况。就村里的公共事务和公益事业而言，在村选民比常年外出选民要更加关切村级事务；就对村委会成员候选人人品状况和工作能力的了解来说，在村选民比常年外出选民应当更有发言权。可是，在村委会选举之时，常年外出的选民即便不回村，通过委托投票，同样也有与在村选民一样表达意见的机会。如果把这种情况极端化，只要一些在村选民能够获得足够的委托，就有可能产生不是在村选民的多数而是在村选民的少数决定村委会成员人选的情况[①]。其三，大量委托投票的使用在形式上保证了“双过半”中的“前一个过半”。“双过半”的目的是鼓励和吸引更多的村民来投票，但因为委托投票，村民可以不亲自去投票，这样的话，要达到过半要求就只能借助委托投票，例如 W 村最终委托投票人数就占到选民登记的一半。

① 唐鸣：《村委会选举中的委托投票问题研究》，载《中国农村观察》2009 年第 4 期。

(3)从实践层面来讲,针对委托投票失范问题,可以从以下两个角度考虑改善:第一,可以用修改选民登记办法的方式来解决委托投票的弊端。《福建省村民委员会选举办法》第十三条规定:"选民登记日前,因故离开本县、市的选民,村民选举委员会应当及时通知其回村参加选举;未能回村选举的,不计算在本届选民数内。"这种规定就考虑了那些空心村大部分村民外出的现实情况,在形式和实质上可以达到法律规定的"双过半"要求,因此这种办法值得借鉴。第二,可以充分利用互联网技术设计远程投票程序来解决不能现场投票的问题。湖北省咸宁市咸安区Q村在2018年7月进行了远程投票试点,在进行投票前,精心组织制定了投票方案,组织专家学者对方案进行了论证研讨,聘请专业技术团队开发微信公众号"远程投票",为远程投票提供制度、理论、技术支撑①。根据相关资料显示,Q村总人口为2880人,本次换届选举中有选举权的人口为2042人,登记选民数2042人,参加选举投票人数1941人,村委会主任1716票当选,班子委员交叉比例100%。其中,参加远程投票的共30人,实际投票28人,弃权1人,1人到现场参加投票,总到会人数1453,远程投票参选率95.15%。这种远程投票方式有效解决了外出务工人员不能现场参加投票的现实困境,初步探索出了基层换届选举中"村民不能直接投票"现实问题的解决路径,值得各地借鉴。

第四节　换届选举观察点中的现实困境

W村、X村、J社区在历时40天的换届选举中,严格按照相关法律法规及省市县政策要求推进工作,对照村(居)委会换届选举流程图,做到了规定环节不减、法定程序不少,依法依规地推进村(居)委会换届选举。在整个过程中,探索出了一些符合实际行之有效的工作方法,高效圆满地完成了换届选举工作。在取得成效的同时,也出现了一些细节性问题,诸如选民登记工作不扎实、张贴的公告太小或出现明显错误、选举大会现场程序不规范、换届选举档案整理不清晰等问题。

---

① 黄志敏、阮先强、申鲁菁:《首开"网络投票"先河　创新基层民主选举路径》,载《中国社会报》2018年10月11日。

一、选民登记不扎实

选民登记是整个换届选举的基础性工作，也是其中最为关键性的一步，其中所采集的数据在整个换届选举中至关重要，只有将选民登记工作做扎实，才能为推选村民代表、提名候选人、召开选举大会打好基础，便于后期各项会议组织以及后续工作开展。

根据《湖北省村民委员会选举办法》第十三条“户籍在本村，人不在本村居住的村民，经村民选举委员会告知后，本人表示不参加选举的或是十日内不答复的，不列入参加选举的村民名单”规定，村民选举委员会应当在选举前对这些人采取多种方式告知选举事项，如果本人明确表示不参加此次选举，可以将其从选民名单中剔除，即对于那些外出务工人员，选举委员会应采取电话、短信等多种方式告知本人，询问是否参加此次选举或是委托投票。这样的办法既充分尊重了选民意愿，也在一定程度上确保了整个换届选举过程及选举大会的顺利召开。但 W 村在选民登记时将所有符合选举权条件的村民都进行了登记，在前期没有与外出人员取得联系，询问是否参加此次选举，这为推选代表、提名候选人造成了一定程度上的困难。在距离选民登记工作仅剩一天时，才在郧西县换届领导小组办公室的指导下，由选举委员会、监督委员会、村民小组长逐个入户核实具体参加选举人数，对出现的问题及时进行了整改。

二、程序完整但不规范

换届选举大会是整个换届选举工作的集中体现，是前期选民登记、推选村民代表、提名候选人等环节的高度融合，也是产生新一届村（社区）居民委员会成员的关键时刻。

湖北省村民委员会选举工作指南中对选举大会投票环节明确规定了十八项议程，每一个环节都有具体的程序内容，并且对每个程序内主持人的讲话内容进行了详细说明，为基层认真组织落实选举大会提供了很好的模板。X 村在选举大会现场共使用了 8 个投票箱，每个村民小组前放一个，每个小组在相应的投票箱里投票。《湖北省村民委员会选举工作指南》第七章中规定，选举大会第十三项议程“集中票箱，清点检验选票数”中要求投票结束后，要将所有票箱集中在一起开箱，开箱后要将所有票箱的选票混在一起，再清点票箱收回的总选票数和开始计票。但 X 村在大会现场没有按照这样的规定要求进行，而是以小组为单位清点选票、计票，这种做法的不足之处就在于候选人可以知道每个小组的具体投票情况，由于人的心理因素影响，这在某种程度上可能不利于新一届村(居)民委员会开展各项村级工作。

三、档案材料整理不清晰、不规范

换届选举从总体上来说，分为两个大的方面，一是程序，所有程序必须到位，而且必须规范；二是档案，档案是程序的文字体现，也是呈现所有程序的必要方式，我们能从档案材料中看到所有的程序和环节，因此完善规范的档案材料在整个换届选举起着重要作用。

J 社区 2018 年采用新的选举办法产生新一届居民委员会成员，因此对档案材料的规范性要求更高一些。但通过两次查阅档案，发现 J 社区在档案整理方面存在着两个问题：一是不清晰，即档案分类不清，所有的公告和会议记录混在一起，没有将会议记录按照时间节点或是会议次序依次排列整齐，例如应按照选举委员会第一次会议、选举委员会第二次会议等类似的整理方式；二是不规范，主要体现在用词方面，选举委员会每次召开会议是专门讨论与相应阶段工作相关的具体工作，比如选举委员会召开第四次会议，讨论确定第十届村民代表人数、推选条件、产生办法工作等，而不是讨论通过某几号公告。除此之外，J 社区档案不规范还表现在缺少参会工作人员手写的会议记录。

第五节　村（居）民委员会换届选举的建设路径

郧西县省级换届选举观察点在换届选举工作中出现了一些细节性的问题，这些细节问题虽然说是不影响整个换届工作大局和结果，但在某种程度上反映了基层党支部对换届选举的重视程度及工作态度。针对已经出现的不足之处，观察点应该认真分析问题原因所在，增强责任感，及时总结经验教训，整改突出问题。

一、研读法律法规政策,熟悉各项工作程序

《中华人民共和国村民委员会组织法》《湖北省村民委员会选举办法》《湖北省居民委员会选举办法》以及《关于做好全省村和社区“两委”换届工作的指导意见》是本次换届选举的法律、政策依据,郧西县根据省市要求制定了相关的具体实施方案,并且专门组织了培训会,就政策和程序进行了详细的解读,这为C镇省级换届选举观察点推进此次工作提供了“操作手册”。

通过全程观察发现,X村第十届村民委员会换届选举大会过程中唱票计票环节出现了不规范操作,按照《湖北省村民委员会选举工作指南》规定,投票结束后开箱时,应将各票箱的选票混在一起,再清点收回的总选票。但X村在清点选票时并没有按照此规定进行,这种程序不规范在某种程度上反映了X村选举委员会对换届选举的流程不熟悉、理解不到位。针对这样的问题,X村在后续环节应主要从两个方面入手规范选举流程:一是积极主动地学习相关法律政策知识,特别是《湖北省村民委员会选举工作指南》以及郧西县委和城关镇党委制订的换届选举实施方案,对照每个环节的具体要求、细节要求,详细安排部署相应阶段工作,将每项工作做实做细。二是应加强与县、乡镇换届领导小组联系,针对每个环节中存在的政策不清楚、环节不明确的问题及时咨询解决,力争在工作正式开展前做到政策清楚、流程熟悉。在自身研读法律政策要求的同时,各级换届指导小组也应及时督导换届全过程,对出现的各种问题及时给予指导解决。通过这种内外联动的工作方式,确保在整个换届选举过程中程序到位完整规范。

二、克服“经验主义”,及时把握政策新要求

湖北省2018年村(居)民委员会换届选举与以往的不同之处在于此次换届选举是党的十九大后村(社区)首次换届,是在乡村振兴、脱贫攻坚、扫黑除恶的背景下进行的,因此这次换届要求更严、标准更高、责任更大,需要高度重视。特别是在程序方面,要求每个程序必须到位规范。

但在新背景和新要求下进行村(居)委会换届选举,也出现了对新政策新要求不清楚的问题。通过观察W村换届选举的全过程发现,村党支部和

选举委员会在某种程度上存在着“经验主义”,认为换届选举工作以前也做过,应该和以往的程序和要求差不多,从已有的工作经验可以完成这次换届选举工作,这种工作态度导致在选民登记阶段出现了工作不扎实的问题。W村将所有符合选举权的村民都进行了登记和公示,这给后期的各项工作造成了不便和困难。针对这样的问题,村支部和选举委员会应从两个方面着手解决,一是应摒弃惯性思维,善于学习,积极主动克服“经验主义”,及时把握法律法规及政策提出的新要求,提高政治站位,增强责任感和使命感,抛弃过去所谓的“经验”,将新规定、新要求,认真贯彻落实到换届选举的每个环节、每个程序,促使每个环节都经得起检验和监督。二是充分发挥多方智慧,虽然按照规定村书记是选举委员会主任,要承担大量的安排部署工作,但村委会换届选举不只是村书记一个人的事,是整个选举委员会,甚至是全村的政治大事,因此村书记应发动和鼓励现任村干部积极参与换届选举工作,尤其是现任年轻干部,发挥多方力量和智慧,形成群策群力格局,团结一心,共同做好此次换届选举工作。

三、建立档案整理常态化机制,促使档案管理规范化

建立健全村(居)民委员会换届选举工作档案,是整个村(居)民委员会换届选举工作的重要内容,是村(居)民自治、农村基层民主珍贵的历史记录,是考证选举结果合法有效的重要依据,也是体现换届选举各项程序是否扎实推进的重要材料,因此完善档案收集工作显得尤其重要。

通过查阅J社区的换届选举档案发现,档案管理存在不清晰、不规范,为了促使整个换届选举过程完整规范,应该及时按照相关档案管理办法对所有档案进行归类整理,建立完善的换届选举档案。应主要从以下方面入手:一是针对此次换届选举专门梳理出换届选举档案整理目录,建立相应制度,就每个相应阶段的档案中文字材料、文件、票证、信函、图片等影像资料做出明确规定和要求,这样能够有效地指导和帮助村(社区)文书明确整理怎样的档案以及如何整理档案,同时在某种程度上也会形成一种工作压力,助推观察点以及各村和社区做好档案归类整理工作。二是建立指导帮扶督导机制,镇组织办和民政办应针对社区档案管理不清晰、不规范的问题及时进行指导,帮助社区工作人员按照相关档案管理办法将所有档案进行及时

的整理存档,包括会议记录、照片、各种办法等。乡镇可以充分利用适当时间对社区档案管理人员进行培训,简单培训档案管理的重要性、意义以及如何整理等内容,促使其增强责任感,真正将换届选举档案按照程序要求做实做细。

换届选举是夯实基层政权、保证基层社会稳定的政治大事,只有选优配强村(社区)党支部和村(居)委会班子,才能保障基层工作得到有效贯彻和落实,才能有效助力乡村振兴战略不断向前推进,才能为基层社会稳定奠定良好的组织基础。

第五章　荆州市监利县换届选举试点：候选人提名的困惑

基层民主是实现我国民主政治快速发展的重要环节，而保障农村居民和村民的选举权是基层民主的根本所在。党的十九大报告指出，“扩大人民有序政治参与，保证人民依法实行民主选举、民主协商、民主决策、民主管理、民主监督”。基层选举工作是将十九大精神贯彻到基层中去的落地方法，关系到是否能真正按照村民的意愿选出懂农村、爱农业、爱农民的领导班子，是推进和落实社会主义基层民主建设的重要内容。

为真正了解基层换届选举的实际情况，按照《中华人民共和国村民委员会组织法》《湖北省居民委员会选举办法》和《湖北省村民委员会选举办法》，观察小组对荆州市监利县H社区、G社区、Z村的村（居）民委员会换届选举情况，通过查阅相关换届文件资料、公告，旁听相关会议，发放调查问卷，入户走访村（居）民等方式进行近距离驻点观察。总体来看，此次换届选举工作前期准备充分，工作进展顺利，基本都完成了预定目标，选出了一批新的村（社区）干部。但在“提名候选人”等环节，乡镇领导干部基本按照相关文件和实施办法开展工作，但由于选举时间较长、选举流程较多、各村情况不一样等原因，在工作中出现了一些不合规范的现象。

第一节　换届选举观察点的基本现状

一、基本现状

荆州市监利县地处长江中下游，位于湖北省中南部，在江汉平原南端、洞庭湖北面。南临长江,北襟襄水,东邻洪湖,西接江陵、石首,与湖南岳阳市隔江相望。监利县是一个农业大县,全县有 150 万人口,220 万亩耕地,县域面积 3508 平方公里,人口规模居荆州各市县区之首。汉族占县人口总数的 99% 以上,少数民族有回族、壮族、满族、土家族、蒙古族等 13 个民族,共 700 多人,以回族居多。因东吴"令官督办""监收鱼盐之利"而得名"监利"。监利县是国家商品粮基地和农副产品基地,1990 年位居全国产粮第 8 位。监利境内河网密布,湖泊星罗,土壤肥沃,素有鱼米之乡和芙蓉之国的美称。与其他农业大县不同的是,在 2017 年 8 月初,监利县全面启动合村并组改革工作,全县 638 个村减少至 323 个,减少了 315 个,减幅 49.4%。合并为 323 个行政村后,监利县行政村的规模远超过全国行政村的平均规模。

H 社区居民委员会由原 N 村、H 村、H 居委会合并而成,辖区总面积约 2 平方公里,境内有大街小巷 15 条,辖 15 个居民小组,3500 多户,总人口 9216 人。G 社区由 B 村、Y 村合并而成,合并后总户数 661 户,总人口 4500 人,总面积 4099 亩。Z 村由 J 村、Z 村合并而成,合并后总户数 718 户,总人口 3580 人,总面积 3130 亩。相对于全国村均人口、耕地面积以及村域面积,三个观察点远超一般行政村的平均规模。2018 年监利县第十届村(居)民委员会换届选举,也是合村并组后第一次村(居)民委员会领导班子换届选举。

表 5-1　荆州市监利县观察点村(社区)基本情况表

单位	总人口(人)	村(居)民小组数(个)	总面积(亩)	党员(人)	现任两委成员(人)
H 社区	9216	15	3000	152	9
G 社区	4500	9	4099	60	8
Z 村	3580	8	3130	64	7

二、换届选举的基本流程

本次换届选举从省、市、县、乡不同级别都进行了相应的部署和安排,依照《中华人民共和国村民委员会组织法》《中华人民共和国城市居民委员会组织法》《湖北省村民委员会选举办法》和《湖北省城市居民委员会选举办法》进行,成功选举出第十届村委会或居委会成员,为基层领导班子注入新的活力。

（一）监利县整体工作安排

监利县为加强村（居）民委员会班子建设，选优配强村（居）民委员会带头人，指导村（居）民委员会依法依规开展换届选举工作，结合全县村（居）民委员会实际，制定出《监利县第十届村（居）民委员会换届选举工作实施方案》《监利县村（居）民委员会换届选举工作日程表》，各项工作依据相关文件安排有序开展。

监利县对此次选举工作高度重视，明确了以党的十九大精神为指导思想，把党的领导贯穿换届选举工作的全过程，突出村党组织的领导核心作用，把选优配强村（居）民委员会班子摆在突出位置，严格依照相关法律法规实施，严肃换届选举纪律。

在选人用人上，严格把握任职资格条件，坚持“五选”和“十不选”。实行村党组织书记、村民委员会主任“一肩挑”，村“两委”成员交叉任职，重视选拔年轻干部和女性干部，保证至少有1名35岁以下的优秀青年进入村委会班子，确保有1名女性进入村委会班子并兼任妇女主任。在推选产生村民委员会和村务监督委员会的过程中，严格按照村民委员会选举的法律法规，依法规范村民委员会选举程序，把握推选村民选举委员会、提名村民委员会成员候选人、投票选举等关键环节，确保村民依法行使民主权利。在指导新一届村民委员会成立10日之内，组织召开村民会议或村民代表会议，推选产生3~5名村务监督委员会成员，由非村民委员会成员的党组织班子成员或党员担任主任。

全县村（居）民委员会换届选举工作从2018年11月10日正式启动，至12月21日基本结束，共计42天。2018年12月15日为全县第十届村（居）民委员会选举日。按照“四先四后”（先整顿后换届、先审计后换届、先考察后换届、先研判后换届）的要求先进行村党组织换届选举，再进行村民委员会换届选举。换届选举工作分为三个阶段进行。

第一阶段是准备阶段，从11月10日至11月13日，包含四项工作内容：(1)组建工作专班。按照各乡镇换届选举领导小组安排组建工作专班，负责处理村委会换届选举日常工作，具体负责指导村（居）民委员会换届选举工作。(2)研究实施的方案。各乡镇按照所确定方案的实施阶段、重点任务、时间进度、责任主体及具体要求，做到时间到天、任务到人。(3)做好任期审计和换届考察。各乡镇组织对各村（居）民委员会班子成员进行经济责任审计，重点审计财务收支、重大项目建设、重大支出项目等情况,对党员群众反映强烈的问题逐一审计,及时召开村组(社区)干部、全体党员和第九届村(居)民代表会议。(4)开展业务骨干培训,各乡镇采取集中培训的方式,对指导和组织换届选举工作的人员进行业务培训,组织学习有关法规政策、换届选举工作流程及有关要求。

第二阶段是实施阶段,从 11 月 14 日至 12 月 15 日。全县村(居)民委员会选举工作采取直接选举的方式进行。推选村(居)民选举委员会和村(居)民选举监督委员会并召开第一次会议(11 月 14 日至 15 日)。村民选举委员会由 9~11 人组成,村(居)民选举监督委员会由 5 人组成。村(居)民选举委员会中有妇女成员。两个委员会各推选一人主持工作,以村(居)民委员会名义公告村(居)民选举委员会名单,发布第 1 号公告。发布村(居)民选举监督委员会名单(第 2 号公告)。11 月 20 日至 11 月 29 日登记参加选举的村(居)民名单,并颁发选举证。12 月 2 日至 12 月 4 日推选村(居)民代表。12 月 6 日至 12 月 8 日提名产生候选人,12 月 15 日举行选举大会投票。

第三阶段是后续工作阶段,12 月 16 日至 12 月 21 日。各乡镇在选举结束后 7 天之内进行新老班子交接、总结归档、建章立制等工作。

表 5-2 监利县选举工作日程安排表

阶段	时间	事项
第一阶段 准备阶段	11 月 10 日—11 月 13 日	成立村(居)民委员会换届选举工作指导组
		研究实施方案
		任期审计和换届考察
		选举业务骨干培训
第二阶段 实施阶段	11 月 14 日—12 月 15 日	推选村(居)民选举委员会、村(居)民选举监督委员会
		确定大会日程及选民登记办法
		对选举工作人员进行培训
		以村(居)民小组为单位进行选民登记
		以 5~15 户为单位推选村(居)民代表
		提名产生候选人村委会主任、副主任和委员
		确定正式候选人
		组织开展竞职演讲
		印制选票、布置会场
		召开选举大会投票

续表

阶段	时间	事项
第三阶段 后续工作	12 月 16 日—12 月 21 日	班子交接
		健全各类组织
		建章立制

（二）H 乡整体工作安排

H 乡根据地方相关工作安排，参照监利县换届选举实施方案日程，制定出 H 乡村（居）民委员会换届选举工作日程安排表，虽然与监利县日程表有一定偏差，但整体出入不大，在不同环节，前后有 1～2 天的日期调整。

各村（社区）按照中共 H 乡委员会办公室印发的《关于成立 H 乡村（社区）“两委”换届工作领导小组的通知中《关于印发 H 乡第十届村（社区居）民委员会换届选举工作实施方案的通知》的要求，成立红城乡“两委”换届领导专班负责领导全乡和指导各片区选举工作，各机关干部按驻村指导组的通知分工包村加强换届督办，对可能出现的家庭、宗族恶势力干扰破坏选举工作的情况进行观察、监督和防控。严格规范村（居）民委员会候选人竞争行为，H 乡宣传推行“四项承诺”，统一组织候选人与党员、村（居）民见面，介绍个人经历、履职设想和遵守换届纪律等情况。驻村（社区）换届工作指导组、村（居）民选举委员会对承诺内容进行审核把关，并向党员群众公示。对换届选举期间的信访接待工作认真处理，对违反换届选举规定的行为，予以及时纠正。对换届选举过程中的不正当竞争行为，干扰、破坏、妨碍换届选举的违法违规行为有查必报、严厉打击。在选举过程中严格遵循“两个过半”原则，即全村（社区）有选举权的村（居）民过半数投票，获得参加投票村（居）民的过半数选票者当选，保证投票结果的有效性。

表 5-3　H 乡换届选举主要工作日程安排表

阶段	时间	事项
第一阶段 宣传培训	11 月 2 日—11 月 9 日	组建村（居）民选举委员会、村（居）民选举监督委员会
		讨论通过选举日和投票地点并发布公告
		确定选举方案、选民登记办法、宣传方案
		入户走访座谈、印发宣传标语
		宣传选举方案、培训选举工作人员

续表

阶段	时间	事项
第二阶段村(居)民委员会换届选举阶段	11月10日—11月28日	选民登记(11月10日—11月13日)
		审核发放选民证(11月14日—11月28日)
		召开村(居)民选举委员会会议(11月29日)
		推选村(居)民代表(11月30日)
		确定职数、候选人条件及产生方式(12月1日)
		提名候选人(12月2日—12月4日)
		确定正式候选人(12月5日)
		组织开展竞职演讲(12月6日—12月9日)
		投票准备(12月10日—12月14日)
		村(居)民委员会投票选举(12月15日)
第三阶段后续工作阶段	12月16日—12月21日	工作移交(12月16日—12月17日)
		健全组织、建章立制(12月18日—12月19日)
		工作总结、建立档案(12月20日—12月21日)

三、换届选举工作的方法与过程

(一)工作方法

第一,健全规章制度,统一党的领导。H乡党委、政府对村(居)民委员会换届选举工作给予高度重视,把村级换届工作列入党委政府中心工作来抓,成立了H乡村(社区)“两委”换届工作领导小组,由党委书记任领导小组组长,H乡乡长任第一副组长,党委副书记、乡社区工委委员、乡党委委员为副组长,领导小组下设办公室,将换届选举工作落到实处。乡、村两级分别成立村(居)民委员会换届选举工作指导组和选举委员会,统筹谋划换届工作。乡组织办公室按照党委的统一部署,牵头抓总、统筹协调;乡民政办公室积极发挥职能作用,重点指导好村(居)民委员会换届选举工作;乡纪委监委、宣传、政法、妇联、共青团等群团单位共同参与,协调解决换届选举中出现的问题,乡财政落实专项经费,保障换届选举工作顺利进行;各相关部门充分发挥职能优势，承担所属领域主体责任，民政办负责抓好村(居)民委员会换届选举工作的指导和监督检查，纪(监)委负责对拉票贿选等违纪行为进行查处；派出所负责严厉打击“村霸”和宗族恶势力，维护换届选举工作秩序；综治办负责矛盾纠纷化解和信访问题处理。乡各部门各司其职，密切配合，齐心协力抓好村(居)民委员会换届选举工作。

第二，加大宣传力度，提升宣传水平。村级组织换届选举关系到农村基层组织建设，关系到党在农村的执政基础和政权建设，为提高广大党员、群众对选举工作重要意义的认识，H 乡把宣传教育贯穿于换届选举工作的全过程。按照有关时间安排，H 乡村(居)民委员会换届选举工作从 2018 年 11 月 10 日正式启动。先后印发了《致全体村(居)民的一封选举公开信》和第 1 号公告至第 16 号公告，村内广泛张贴标语，悬挂横幅，举办专栏，营造出浓厚的选举工作氛围。在选民登记阶段，宣传引导参加选举的村(居)民到登记点登记，外出务工或其他原因不能按期到选举会场参加选举的村(居)民，由选举委员会进行电话通知，委托有选举权的近亲属及其他村(居)民代为投票。在推选村(居)民代表阶段，由选委会组织以村(居)民小组为单位召开户代表会议，要求本组 2/3 以上户代表参加，按照分配的名额和条件，推选新一届村(居)民代表。在选举大会当天，组织全体选民到选举大会会场进行投票。与此同时，H 乡选举工作领导小组在选举工作的每一个阶段、每一个环节都组织乡工作人员进行选举工作培训，保证了选举工作人员掌握方针、政策，掌握方法步骤，掌握工作策略等。宣传培训的到位，促进了 H 乡选举工作顺利开展。

第三，严把时间节点，紧跟全县进度。为确保全乡换届选举工作统一进行，H 乡于 2018 年 11 月 13 日制定下发了《H 乡第十届村(居)民委员会换届选举工作实施方案》，严格规范了各项工作进度安排。从 2018 年 11 月 10 日正式启动，至 12 月 21 日基本结束，共计 42 天。各村(社区)于 2018 年 12 月 15 日统一举行换届选举大会。一是准备阶段(2018 年 11 月 10 日—13 日)。按照全乡换届选举工作指导组安排组建选举委员会，研究制订实施方案，做好任期审计和换届考察，开展业务骨干培训。二是实施阶段(2018 年 11 月 14 日—12 月 15 日)。推选村(居)民委员会和村(居)民选举监督委员会，并召开第一次会议、第二次会议和第三次会议，宣传发动，培训骨干，登记参加选举的村（居）民名单，审核发证，推选村（居）民代表确定职数、候选人条件及产生方式，提名产生候选人，确定正式候选人，组织候选人竞职演讲，准备投票工作和召开选举大会投票。三是后续工作阶段（2018 年 12 月 16 日—21 日）。自选举结束之后 7 日内进行新老班子交接工作，同时健全各类组织，建章立制，总结归档。

（二）选举过程

各观察村、社区（居）民委员会换届选举工作按照 H 乡的有关工作安排，进行筹划部署，在时间节点上基本保持一致，但是由于各村（社区）相隔距离较远，也存在一定的差异性。

1. 成立选举委员会

H 乡政府在 2018 年 10 月 31 日成立了“两委”换届工作领导小组，召开了工作会议，研究制定关于换届选举的培训方案。

G 社区、Z 村于 11 月 6 日，H 社区于 11 月 10 日召开了全体党员及群众代表会议，由现任“两委”宣读拟推荐的选举委员会和选举监督委员会的名单，各位参会党员和群众代表举手投票表决并签字确认。随后召开了第一次选举委员会和选举监督委员会会议，各推选出 1 人主持工作，进行了工作分工，讨论选举工作方案、选民登记办法、宣传发动方案，确定了公告内容，随后在村（社区）中张榜发布了村（居）民选举委员会和村（居）民选举监督委员会名单（第一、二号公告）和选举日、选票地点（第三号公告）、《致村（居）民的选举公开信》（第四号公告）。本次会议 Z 村共推选出选举委员会和监督委员会成员 10 人，其中选委会成员 6 名，监委会成员 4 名；H 社区共推选出选举委员会和监督委员会成员 15 人，其中选委会成员 9 名，监委会成员 6 名；G 社区共推选出选举委员会和监督委员会成员 9 人，其中选委会成员 5 名，监委会成员 4 名。

2. 进行选民登记

H 社区以居民小组为单位进行登记，以入户走访常住居民，电话联系外出人员的形式，审核并发布参加选举的居民名单。选民登记工作从 11 月 20 日至 29 日，历时 10 天，本次选举共登记选民 2656 人。登记完成后，11 月 26 日发布第五号公告对选民名单进行张榜公示，对有疑问的居民及时进行答疑解惑，做到不强登、不漏登，并在 11 月 27 日—29 日对选民资格进行审查确认。

Z 村以村民小组为单位设立登记点,电话联系具有选民资格的外出人员,在村内及时发布选民登记名单,Z 村的选民登记工作从 11 月 10 日至 18 日,历时 9 天,共登记选民 2258 人,委托投票 168 人。

G 社区以居民小组为单位设立登记点,电话联系外出人员,登记完成后在村内张贴选民登记名单,登记工作从 11 月 10 日至 18 日,历时 9 天,共登记选民 2283 人,委托投票 653 人。

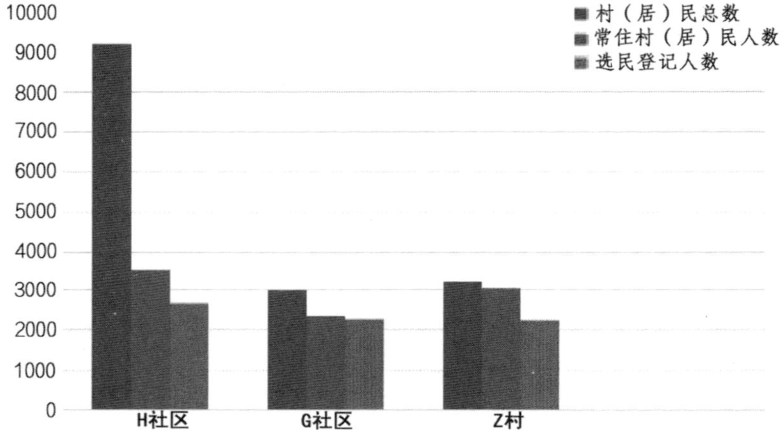

图 5-1 观察点选民登记情况(单位:人)

3. 推选村民代表

12 月 2 日 Z 村召开村民代表推选会议,全体村干部、选举委员会和选举监督委员会成员参加,讨论产生推选村民代表的实施标准,以每 5~10 户推选 1 人的方式,推选产生了 30 位村民代表。其中男性 25 人,女性 5 人。

12 月 3 日上午 9 时,H 社区居民委员会会议室召开了居民委员会会议,按每 30~50 户推选 1 人的要求,确定了居民代表 25 人,其中男性代表 17 人,女性代表 8 人,并张贴第七号公告发布居民代表名单,颁发代表证。

12 月 10 日 G 社区召开居民代表选举会议,会议确定了下一步的工作安排,由社区干部下到户请农民对居民代表名单签字,签字同意人数要达到 2/3,在会上讨论产生居民代表,其中女性居民代表的人数达到居民代表总人数的 1/3,最终推选出 27 名居民代表,其中男性代表 14 人,女性代表 13 人。

表 5-4　各村(社区)选委会、监委会和村(居)民代表人数

单位	选委会人数(人)	监委会人数(人)	村(居)民代表人数(人)
H 社区	9	6	25
Z 村	6	4	30
G 社区	5	4	27

4. 提名候选人

12 月 7 日下午,Z 村进行了推选候选人会议。会上乡领导提出了几点要求,首先确定村(居)民代表职责,收集整理 30 名村民代表对于推选候选人的意见,其次强调在推选过程中要按照文件规定操作,要获得过半数村民的同意。村民代表任期五年,推选出的新一届村民委员会任期五年,非重大事件不再重新推选。推选出村委会主任候选人 2 名,副主任候选人 3 名,在会上宣读了候选人名单。

12 月 11 日上午,G 社区召开村民委员会候选人提名选举会议,H 乡领导、G 社区党员及居民代表参与了会议。预选产生 G 社区第十届居民委员会候选人,其中主任 1 名,副主任 2 名,通过党员提出关于候选人选举的意见和建议,居民代表以民主推荐的形式,举手表决通过名单,初步确定候选人人选。

12 月 13 日,H 社区召开了居民代表会议,全体居民代表、总支书记和居委会干部参加了会议,会议提名产生了第十届居民委员会主任候选人和副主任候选人,通过举手表决的形式,全票通过。同时还推选出 1 人作为 12 月 15 日选举大会的主持人,并确定在选举大会当天,由居民代表分组指导流动票箱的投票工作。

5. 召开选举大会

选举大会由村(居)民选举委员会组织和主持,选民持选举证和委托投票证参加投票选举,选举大会按规定程序进行,当场统计选票,宣布选举结果,颁发当选证,当选人表态。现场封存选票,填写报告单(发布第十三号公告)。根据 H 乡的统一安排,12 月 15 日上午召开选举大会。在各村(社区)选举大会普遍举行之前,监利县于 11 月 26 日在周老嘴镇 X 村举办了选举大会观摩试点,H 乡于 12 月 7 日在 Y 村举办了选举大会观摩会。各村

(社区)通过选举大会的试点观摩,对于选举流程和具体形式有了更直观的了解。

12月15日上午,H社区召开选举大会,发出选票2656张,收回选票2656张,主任候选人2名,副主任候选人3名,最终选出主任1人,副主任2人。Z村选民登记2258人,参与投票2090人,其中委托投票数为168张,主任候选人2人,副主任候选人3人,最终选出主任1人,副主任2人。G社区选民登记数2283人,实际参与投票数1630人,委托投票数653张。这三个观察点中村委会或居委会主任均是上一届的主任连任,H社区居委会主任为一位50岁的女性,Z村和G社区的村(居)委会主任都为中老年男性,三位主任都属于在本地比较有能力、威望较高的领导。

H乡行政村总数为323个,换届选举村庄为323个,其中包含15个村社合一型村庄,居委会总数为67个,本次换届选举的居委会总数为52个。12月15日H乡已完成对各村(社区)的村(居)委会换届选举工作,全乡选出了新一届的村(居)委会成员。

表5-5 观察村(社区)选举大会投票统计

单位	总人口数(人)	选民人数(人)	参选人数(人)	发出票数(张)	收回票数(张)	有效票数(张)
H社区	9216	2656	2656	2656	2656	2623
Z村	3580	2258	2090	2090	2090	2000
G社区	4500	2283	2283	1630	1630	1466

本次村(居)民委员会换届选举观察历时一个月,在观察期内,观察员参与了换届选举的全过程。总体来看,县、乡两级政府对此次选举工作非常重视,从工作机制建立、前期宣传动员、选举日程安排等各个方面给予了高度关注,并一再强调各项选举纪律。各村(社区)按流程和规范完成了此次换届选举工作,但在实际操作过程中,由于全乡范围广大,各村(社区)情况复杂,县、乡级领导不能兼顾观察到各村(社区)情况,在流程规范之外依然存在一些问题,主要是加强村(社区)领导班子的思想培育、加强村(居)民的参与意识等工作,还有一定的进步空间。

第二节　换届选举观察点的成效与创新

一、工作机制的创新

监利县历届选举均举办选举观摩大会，已成为约定俗成的传统。2018 年 11 月 26 日荆州市监利县在 X 村举行村民委员会换届选举观摩试点大会，县委常委、统战部部长，副县长，县委组织部副部长，县民政局局长、副局长，各乡镇分管民政副乡镇长（副主任），组织委员及民政助理一行 70 余人到现场进行观摩。观摩会的成功举办，与各项工作的密切配合与合理分工有关。

一是规范选举秩序。上一届村“两委”于 9 月底开始筹划换届工作，研究方案，明确分工。村干部牵头负责登记党员和选民登记，熟悉每一位党员和每一户村民的情况，明确户口不在本村、长期居住在村的选民人数，经统计共有 23 户 29 人。提前落实提名日、选举日参与大会的村民人数、委托投票数等情况。选举日当天，在公开唱票、计票的一个多小时会场间隙里，X 村安排专业舞蹈团队现场表演文艺节目。此次选举是 2017 年原有的 2 个村合村并组后的第一次换届，约 900 名村民，分为 8 个小组，每个小组安排 2～3 人清点人数、发票、维持秩序，4 个秘密写票点分别安排 1 人担任代写员、1 人担任监护员，确保每位村民在不受妨碍的情况下写票、投票。在全村设立两个流动票箱，进行了约 40 分钟的巡回流动投票。全程都有选举监督委员会成员参与，确保了公开公正公平。而在主会场，小组长为村民讲解选票的填写要求和方法，同时讲解投票路线，确保投票流畅，秩序不乱。

二是严格督查督导。监利县成立试点工作指导组，全程从严把关，会同村党支部精心制定换届选举方案，每个关键环节、每次召开会议，都到村现场指导，纠偏定向。县委常委、统战部部长，副县长等领导亲临现场指导工作。11 月 16 日上午，X 村召开党员大会选举党支部委员会。通过核实参选资格，登记党员 38 名，实到会 38 人，部分村民代表应邀列席，选举产生了新一届党支部委员会。该村从宣传发动、登记党员、选民登记，到“两推一选”“公推直选”大会，都严格按照换届操作流程落实，党员大会选举 10 个议程,村民大会选举15个议程,一项一项地完整进行。反复多次完善选举材料,每个环节的材料翔实、清晰,X村换届选举的资料汇编内容丰富,包含省、县、镇三级换届选举文件和各个环节的工作办法,便于后期核实、核查。

三是贯穿宣传发动。换届选举工作启动以来,X村采取召开会议、村村响、QQ、微信、电话联系、上门走访等方式广泛宣传发动,刷写标语30多条,电话、网络联系2100多人次。在村民之间营造出积极主动参与投票的民主意识,动员村民行使自己的民主权利。选民们热情较高,党员大会选举当天,在县某酒店任大堂经理的党员雷某一大早开车准时赶到选举会场,选举结束后又匆忙赶回酒店上班。村民大会选举时,在外务工的乾某、秦某等村民接到通知后,提前一天赶回村里,准时参加选举大会。像他们这样在外务工回村参加投票的村民有50多人。

二、工作程序的调整

首先,遵循选举文件要求。按照湖北省委省政府、监利县委县政府和H乡政府下发的有关文件指示,村民委员会换届选举规程应严格按照《湖北省村民委员会选举工作指南》进行。在推选村民代表环节,可以以村民小组为单位推选,根据分配给各个小组的名额,由村民小组长主持召开本小组18周岁以上过半数村民或者2/3以上户代表参加的小组会议,经村民酝酿讨论后,以举手表决或无记名投票方式推选产生村民代表,获得多数同意的当选。或者以若干户为单位推选,按照相邻的若干户或自然村落为单位推选,先计算出推选一名代表的户数,再按计算出的户数按相邻居住的原则划分出若干个选举单位进行推选,采取这种办法推选村民代表的,由村民委员会成员主持。

其次,结合各村具体情况。各观察点的选举流程基本按照选举委员会的工作制度安排进行,但是由于村情复杂,村域辽阔,人员众多,在推选村民代表的环节,对选举工作程序进行了适当调整。无论以方案中哪种形式推选村民代表,都应由村民小组或若干户村民投票表决,形成村民代表名单,再张榜发布并报乡人民政府备案。由于H乡各村合村并组后村民较多,各村的村民小组平均有15~25个,而村民总人口数更是超过了一般村庄的村民总数,例如G社区居民总数为4500人,Z村村民总数为3580人,H社区居民总数为

9216 人,召集全体村(居)民推选村(居)民代表既不客观也不实际。根据本地的实际情况,H 乡领导听取各地的工作建议,因地制宜开展工作。

最后,灵活调整推选程序。经过各村(社区)选举委员会和监督委员会的开会决定,在推选村(居)民代表的环节由村(社区)干部按照往年的村(居)民代表名单,形成新一届村(居)民代表名单。拿着已经形成的村(居)民代表名单入户走访,询问村(居)民意见,若没有异议的,以户为单位在村(居)民代表推荐表上签字确认;如有人有异议的,填写除名单上的人员之外的希望推选的村(居)民代表名字,由选举委员会成员统一收齐统计投票数,形成新一届的村(居)民代表名单。在形成村(居)民代表之后,召开新一届村(居)民代表工作会议。整体而言,H 乡并没有按照选举办法的流程统一召开村(居)民小组会议推选村(居)民代表。

三、用人机制的创新

在换届选举过程中,老百姓最关注选什么样的人作为自己的当家人。针对监利县去年刚刚完成合村并组的现实情况,H 乡在本届换届选举中始终牢牢把握对带头人选用的主导权,切实解决好“选什么人、从哪里选人、如何把优秀人才选出来”的问题。

一是依法依规选好候选人。对选民推选出的村(居)委会主任、副主任候选人,严格按照《中国共产党章程》《中华人民共和国村民委员会组织法》等有关法律法规规定和任职条件标准,组织各部门对候选人进行资格审查,注重把遵纪守法、带头致富和带领群众共同富裕能力强、善于做群众工作、社会管理能力强、勤恳干事、热心公益、群众威信高的优秀党员和优秀人才选进村“两委”班子。

二是着重注意什么人不能选。在换届选举中,严格对照《中华人民共和国村民委员会组织法》规定,对违反国家法律法规,受撤销党内职务、留党察看、开除党籍处分或正被纪检、司法机关立案侦查的;受治安处罚或被处管制以上刑罚的;组织或参与非法宗教活动、聚众赌博、打架斗殴,在群众中影响极坏的;利用宗派势力甚至黑恶势力等干预农村正常工作的;以非法手段煽动、组织群众集体上访造成群体性事件的;利用各种手段、方法进行贿选和干扰选举的等 6 类人坚决不予考虑。

第三节　换届选举过程中的主要问题

一、数据和材料的失真问题

监利县H乡的H社区、G社区、Z村,作为上级主管部门设立的观察点,在选举过程中却出现了流程的不严谨,缺乏规范性。

一是推选过程材料不规范。根据H乡的工作安排,在11月初三个村就已经推选产生了村民选举委员会和村民监督委员会,文件要求应在11月30日之前完成选民登记工作,在12月2日至4日选举产生村民代表,12月6日至8日提名产生候选人。但是观察组在观察过程中发现,个别环节并没有严格按照程序完成各阶段的工作安排,如推选村民代表和提名产生候选人环节,存在先有结果而后有材料和流程的现象。一方面村干部对于选举程序规范性的意识没有树立起来,没有完全依法依规开展工作,存在得过且过的心理;另一方面,村民的参与意识淡薄,对村庄公共事务漠不关心,或者参与能力较弱,不了解、不理解选举流程和工作安排,在各个环节没有及时给予村干部正向的反馈,这种双向作用的恶性循环,导致不规范的现象较为突出。

二是填写选票时存在失真。观察点H社区、G社区、Z村按H乡政府选举办法要求,统一在12月15日举行换届选举大会。这三个观察点没有强有力的集体经济组织,平时大量的青壮年劳动力外出务工,长期居住在村(社区)中的村(居)民较少,甚至有部分家庭已经举家迁移到城市定居,户口却依然保留在原地。在选举中外出的村(居)民通常由亲属或者是朋友来代填选票,这样,不能体现选民的实际意愿,只能代表代填人的意愿。有的工作人员因为不熟悉选举工作,选举大会现场不遵守选举程序,无视选举计票过程中的公正公开原则,在背离选民的地方做计票工作,甚至直接代写代投选民的选票。同时,有的计票工作完成后也没有将选票结果存档,无法进行事后查验工作。

二、村民的民主参与意识淡薄

村民民主参与意识的形成需要一个长期的过程,村民自治体制的不断完善还需要村民主人翁意识的不断增强。长期以来由于受到经济因素和传统文化的影响，农民的民主参与行为事实上与顶层设计者的初衷相差甚远。

一是村民的民主参与意识不强。当前城镇化快速发展，乡村外出务工者较多，在村常住村民数量减少，同时乡村社会普遍存在村庄集体经济组织薄弱，导致村民对选举过程、选举对象和选举结果呈现出漠不关心的态度。在本次观察过程中，村委会要出资发放食物和饮料、在选举大会现场请舞蹈团队表演文艺节目，才可吸引到足够多的村民参与到选举现场进行投票。部分村民对公众事务和利益关心甚少，在某些情况下，甚至对政治参与过程持有抵触和反抗情绪，多数村民更在意自己的实际利益而非自己被赋予的选举权利。村民们消极和冷漠的态度也影响到选举委员会和监督委员会的工作态度，存在敷衍了事的情况，导致基层换届选举工作"形式化"。

二是村民文化程度影响选举权行使。各村选举委员会成员在选举大会的前期召开的筹备会议认真研究了投票选举的各个环节，对选举委员会成员进行了责任分工，提前印制了选票，确定了选举大会的具体时间、地点，布置选举会场，准备了投票使用的物品，安排、培训会场工作人员。但在选举大会当天，即使会议开始时已经对投票方式和流程做了详尽的介绍，在发放选票之后村民还是显现出无所适从，往往因为看不懂选票，不清楚填写方法而互相讨论，存在着由身边的人一人多票代写代投的现象，同时由于填写不规范而造成的废票弃票较多、求助于工作人员代本人填写多张选票现象较为严重。部分村民由于受到文化程度的限制，或者缺少法律意识等原因，忽视或者完全意识不到自己的权利。

三、选举过程缺乏规范

虽然在多级政府文件中多次强调选举过程的严谨和规范性，但是由于多村合并地区人口繁多，村情复杂，在有些环节出现了一定程度的先有结果而后补材料的现象。

一是候选人提名不透明。提名候选人环节的省略和不透明直接影响到村委会的选举结果，侵害了村民的民主参与权利。根据《湖北省村（居）民委员会换届选举工作指南》以及省委办公厅、省政府下发的有关通知，村委会主任、副主任和委员候选人由选民一人一票直接提名产生，采取无候选人直接选举的形式可不提名候选人,召开选民大会直接投票选举。但是在实际运行过程中多数村民并不清楚选举委员会、候选人如何产生,多由村换届选举委员会和监督委员会提出候选人名单,再通知村民代表开会宣读村委会候选人成员名单,无异议者举手表决通过,在程序上存在不合理之处。

二是选举缺乏竞争性。选举名单总体而言缺乏竞争性,为了怕选出一些"不合适的人",部分村领导打着指导、支持、帮助的幌子,通过内定候选人、确定正式候选人、解释村委会选举的投票结果等手段影响选举结果。在最终形成的候选人名单中,也存在候选人没有竞争力的现象,竞争者为普通村民,缺乏竞争性,与差额选举的初衷存在一定差距。

第四节 新情况与思考:如何规范"候选人提名"

居民委员会和村民委员会换届选举中出现的一系列问题,与乡村实际的情况有着千丝万缕的联系。在监利县本次的驻点观察过程中,观察组发现H社区与G社区外出务工者人数较多,人口的外流导致在实际的换届选举过程中村(居)民参与不足,村(社区)干部在推选村(居)委会候选人的过程中缺乏规范性。

一、基本情况介绍

在本次换届选举过程中,三个观察村在推选村(居)民委员会候选人的环节,都采取举手表决的方式进行投票。而《湖北省村民委员会选举办法》明确规定:"村民委员会成员候选人,应当由过半数登记参加选举的村民直接提名。"候选人由村民一人一票直接提名,按得票多少的顺序确定候选人。

提名产生村民委员会成员候选人的方式可以是召开村民会议,由本村登记参加选举的村民进行直接投票,也可以是召开各村民小组会议,由本组登记参加选举的村民进行直接投票。各村可根据本村实际,由村民选举委员会讨论决定。但无论采用哪种会议方式,只能以本村或本组过半数登记参加选举的村民参加的形式召开,而不能以本村或本组2/3的户代表参加的形式召开。"过半数登记参加选举的村民"的计算方式,以最终收回的提名票为准,即以村民会议方式提名的,当场收回的提名票超过登记参加选举的村民数的一半，提名会议有效，以村民小组会议方式提名的，从各个小组收回的提名票总数超过登记参加选举的村民数的一半，提名会议有效。

召开村民会议提名候选人，应在会前3天将投票提名大会的时间、地点和要求以公告的形式通知全体参加登记选举的选民。投票工作人员由村民代表会议推荐产生。登记参加选举的村民到现场领取提名票（一人一票），当场填写，投入票箱。投票结束后，当场公开唱票、计票，当场宣布得票结果。

在H乡三个观察点的实际运作过程中，候选人名单由村民代表会议提名产生，并没有征集过半数村民的投票意见，也没有进行候选人提名大会的投票。

Z村推选候选人的会议，由乡镇领导主持召开，全体村民代表参加，乡镇领导对于换届选举的流程和规则十分熟悉，会上也强调了选举规范，同时说明了选举候选人原则上要在推选过程中征得过半数村民的同意，更要在推选过程中按照文件办法操作，也对村民代表和候选人的任期做了强调说明。但是在村里落实的过程中，较少听取村民的意见，有些环节流于形式，变成一纸空文。

G社区在召开居民委员会候选人提名选举会议过程中，由H乡领导、G社区党员及居民代表参与会议。会上预选产生G社区第十届居民委员会候选人，通过党员提出关于候选人选举的意见和建议，居民代表进行民主推荐的形式，举手表决通过名单，初步确定候选人人选，并没有征集过半数居民的意见，也没有召开候选人选举投票会议，省略了投票、唱票、计票环节。

与村民委员会候选人推选有所不同的是，居民委员会候选人的推选，通过召开居民会议或者居民代表会议推选产生居民委员会主任、副主任和委员候选人，应在会议前3日将推选会议的时间、地点、参会人员和要求以公告的形式告知参会人员。推选过程采取无记名投票的方式进行。居民会议推选的，由本社区登记参加选举的居民或者户代表过半数参加，居民代表会议推选的，由三分之二以上的居民代表参加。

H社区通过召开居民代表会议，由全体居民代表、总支部书记和居委会干部参加会议，提名产生了第十届居民委员会主任候选人和副主任候选人，通过举手表决的形式，全票通过。同样的，该社区也省略了投票、计票、唱票的环节，通过举手表决的形式，推选产生了新一届居民委员会候选人。

二、带来的影响

1. 导致少数人把控话语权

参与会议的人员基本上由乡镇领导、部分村民代表和村委会选举委员会的成员参加，没有广大村民群体的参与，也缺少公开投票的环节。这就导致了村委会的候选人基本上是由村民代表会议举手投票通过，既没有充分收集民意，也缺少程序的规范性。这种情况下如果有村霸或宗族势力进行干扰就很容易操纵选举结果。在这样的环境下，三个观察点选出的村委会和居委会主任都是上届主任连选连任，在整个选举过程中，基本上是由自己人投自己人，这样的选举环境很容易让村民对选举过程失去信心，严重损害了村民的民主权利。

2. 投票过程趋于形式化

在三个观察点中可以看到，村民委员会候选人推选会议，和村民代表会议基本上是合而为一召开的，在会上乡镇领导对村民代表的职责进行强调和规范，宣读投票规程，并对村民代表的任期进行说明，同时对选举大会的流程做出安排。这样虽然省去了再召开一次村民代表会议的过程，免去召集齐人员的困难，但是会议流程过于紧凑，也使很多环节变得流于形式，缺乏规范。推选候选人由主要的选举委员会负责人宣读候选人名单，大家一致举手表决通过。村干部连选连任，多年的选举让大部分村民代表形成一种“选来选去都一样”的感觉，缺少选举动力。

三、问题产生的原因

在调研中观察组通过访谈发现，这三个村和社区都缺少集体经济组织，地方产业不兴。村民大多数以外出务工或做小生意为生，没有共同的利益纽带，村民之间的凝聚力不强。在村中长期居住生活的以老人、妇女和孩子为主，青壮年劳动力常年远离家乡外出务工，对村庄事物并不关心，虽然被登记为选民，但是在投票和选举环节也大多数缺席。村干部的选举以连选连任为主，村民缺少充分的话语权，这两方面的因素共同造成了选举过程的不规范和选民的政治冷漠。

1. 农村集体经济发展动能不足

监利县是一个农业大县，地理区位良好，而 H 乡紧邻容城镇，容城镇属于经济较为发达的地区，但是与容城镇相比 H 乡经济发展动力略显不足。为解决生计问题，大量青年人长期在外务工，回乡时间较少，而本地留下的老弱妇孺文化水平参差不齐，鲜少有人真正关心换届选举。以驻点地区 H 社区为例，社区共有居民 9216 人，常住居民人口只有 3547 人，只占所有居民人数的 38.5%，选民登记 2656 人，占所有居民人口的 28.8%。长期在外务工的村民其实并不关心本地的选举，选谁对他们来说都一样，一些长期远离家乡的年轻人甚至已经在外买房置业安家，并不会因为选举大会而特意回家行使自己的选民权利。很多在外务工的村民不仅仅在选民登记环节放弃登记，在投票时也没有委托投票，直接选择了不参与。由于本地的经济动能不足，缺少集体经济组织或者相关企业，不能提供太多的就业机会，导致大量人口外流，留下的人员参与选举的意愿也并不强烈，导致选举过程缺乏相配套的规范。

2. 留守人员参与意愿不足

除了经济发展动能问题，还有一个影响选举程序规范化的重要原因是选民的参与意愿太低。在外出务工人口较多的地区，村中的常住人口多为年纪较大的村民和妇女儿童。而参与选民登记和村委会候选人投票等选举过程的村民主要以年老者为主，这些村民在参与登记和开会过程中常表现出文化素质偏低、理解能力偏弱等特征，在村委会工作人员多次解释选举规范或者投票流程之后，还是会有许多人不太明白，有些人来参与最终的选举大会只是为了得到相应的福利，比如发放的食物和水，或者纯粹为了热闹，来观看选举过程和中间插播的表演节目，对其他会议内容也不太上心，甚至很多大会存在召集不齐开会人员的现象。当观察组询问一些村民的时候，他们会表示已经理解了选举过程，了解了选举大会投票环节，但实际上不太明白选举流程，不理解选举的重要意义，也不太在意行使自己的民主权利，对村庄公共事务也不太上心。村民在选举过程中主要是以选举工作人员的意见为主，对选谁并没有太大的意见。

3. 村干部的规则意识较弱

很多村民对于村委会民主选举不太关心，这也与村干部的重视程度和规则意识强弱有关。村庄基层公务繁琐而沉重,精准扶贫、“三留守”人员建档立卡、经济发展、换届选举等重担一层一层压在基层干部身上。如果每个会议都按规定程序召开,对于村干部的压力很大,因为每次召集齐村民并不是一件容易的事情,于是推选候选人会议就被简化为村民代表和全体党员会议,会上直接举手表决通过。除去召集村民困难的原因,很多村干部在体察到村民对于民主选举漠不关心的态度之后,对于工作的严谨度也比较疏忽,较少听取村民的意见。其实村委会候选人的选举,即使村民不太关注,也有表达自己意愿的权利。投票、计票、唱票的形式,使全体村民参与其中,不但有利于加深村民对选举流程的印象,更有利于强化村民行使投票权的意义。因此推选候选人的行为不规范,也直接影响了后续选举大会的选举效果。

第五节　换届选举观察点的优化路径

一、增强干部的纪律意识

程序公正是建设政治文明和现代法治社会的基石,也是实现结果公正的前提和保障。若缺乏科学的选举程序,民主选举不仅难以达到既定目的,甚至可能成为腐败的催化剂。因此,完善农村基层民主选举,关键是要严格履行选举程序,确保选举的合法性、公正性,防止村民选举权利的虚化。

一是强调选举程序。在选举的过程中,该履行的程序一个都不能少,主要是要把好村级党组织班子的“两推一选”关,把好村委会选举中的几个重要关口,并且严格按规定和流程来操作,以充分保障村民的民主权利不受侵犯。由于镇村合并,选举中产生的信访问题不断增多,不能一味地以“捂、压、管”作为处理方法,在选举前拘留闹事者,此种方法治标不治本。对村情复杂、矛盾较大的村,加强疏导,做好群众工作,防止集体上访、越级上访甚至进京上访等问题的出现,主要还是以倾听意见,交流沟通的方式解决。要依法做好推迟选举村的换届选举工作和另行选举工作,确保按时圆满完成村“两委”换届选举工作任务。

二是增强法制观念。当前,广大农村地区通过多年的普法教育,村民的法律观念、法律意识都有所提高,但在实际工作中,还达不到人人都能够依法办事、守法用法的程度。对于农村的法治建设,要以法制宣传作为突破口,让法治观念深入人心,要让广大基层干部成为守法遵法者。在选举前,对于参与选举的工作人员和广大村民群众要做好相关法律和规定的宣传和培训工作;在选举中,基层干部必须严格按照《村组法》和相关规定开展选举工作,以保障村民的民主权利,维护选举的公正性。对阻碍选举的宗族及家族势力、贿选行为要坚决打击,依法惩处。另外,要进一步加强对农村法治建设的规划和指导;要加强对村干部的法治教育,增强他们的法治观念;要强化村民的法律意识,去除小农意识。

二、加强村民的宣传教育

一是宣传观摩村的示范作用。通过观摩试点村的典型示范作用深化村民对村级换届选举和自身民主权利的认识。充分利用广播、电视、手机等资源,通过散发传单、小册子、贴宣传海报、线上宣传等多种形式普及观摩村选举做法,不断地灌输农村基层选举民主政治知识,有针对性地对村民进行思想政治教育,以典型示范作用培养村民民主意识,使村民摒弃小农意识和宗派意识,珍惜自己的民主权利,行使珍贵的投票权利。

二是培养法律观念和民主意识。通过加强农村法治建设,普及法律知识,不断提升村民的法律素养,使村民能依法依规参与选举。向村民宣传宪法以及村民委员会组织法等相关法律法规,并且将遵纪守法、民主议事等写入村规民约,让村民知法懂法,熟悉民主选举的基本原则、运行规则和运行程序,培养主体意识、权利意识、法律意识和竞争意识,使他们逐步成为“政治人”“法律人”,从而能积极主动、有序有效地投身民主选举的实践,积累民主选举经验,提高民主参与技能,并且在不断的实践中能够清楚辨识、自觉抵制和主动监督选举中的违法违规行为。近年来通过加强农村九年义务教育、建立专门的教育培训机制等多种途径,村民的文化素质得到不断提升,年轻一代的村民群体对于选举权及民主意识有了较深的理解,也要鼓励这部分人加强对自己家乡的建设,真正参与到其中去。

三、加强党委政府的组织领导作用

完善农村基层民主选举,保障广大村民的民主权利,就必须坚持党的核心领导作用，这也是乡村振兴战略实施的政治保证。保证农村基层民主选举过程的规范离不开各级党委的组织领导，离不开各部门的密切配合。

一是强化乡镇党委对基层民主选举的领导。乡镇党委在乡村治理上要把握好“度”，既不能随意对待或放任不管，也不能干预过度，在村级换届选举中，要严格遵守党的组织原则，抓好宣传教育，做好群众思想工作，引导群众把政治合格、德才兼备、有群众威信、热爱农村事业的村民选进村级组织中。

二是发挥好村党支部的作用。农村党支部在乡村治理中的地位举足轻重，村党支部在村级换届选举中要切实发挥好领导核心作用，其他村级组织必须接受和服从村党支部的领导，紧密配合，团结协作，使村级换届选举工作得以顺利开展。扭转乡镇政府的工作作风，变管理型政府为服务型政府，树立服务理念，尊重村民在选举中的主体地位。从工作意识和工作程序两个方面加强村一级领导干部的组织培训工作和宣传教育工作，在换届选举工作开始前明确组织纪律，强调换届选举程序，培养村干部的规则意识。

第六章 宜昌市远安县换届选举试点："一肩挑"的全面覆盖

党的十九大报告指出，要"扩大人民有序政治参与，保证人民依法实行民主选举、民主协商、民主决策、民主管理、民主监督"。实行农村村民自治和城市居民自治，扩大基层民主，是社会主义民主最为广泛而深刻的实践，是我国发展社会主义民主政治的基础性工程。村(居)民委员会是我国的基层群众性自治组织，而群众投票选举村(居)民委员会成员，自己选举当家人，是保证群众自治的基础环节，也是群众直接行使民主权利、参与民主管理的重要途径。

为全面掌握全省 2018 年村(居)民委员会换届选举动态，根据《湖北省村民委员会选举办法》《湖北省居民委员会选举办法》相关规定，湖北省民政厅向 7 个选情复杂的重、难点村(社区)派驻了 14 名观察员，观察村(居)委会的换届选举过程。本观察小组于 11 月 15 日到达宜昌市远安县 L 镇，开始对该镇的 J 村换届选举全过程和 P 村、T 村换届选举关键节点进行蹲点式驻村观察，并于 12 月 16 日顺利结束观察任务。三个观察村在 L 镇党委政府的统一指导下，根据《湖北省村民委员会选举办法》《湖北省村民委员会选举工作指南》《关于做好全省村和社区"两委"换届工作的指导意见》这"三件法宝"开展村委会换届选举工作，平稳完成本次换届。本章将从基本概况与选情背景、工作安排与主要做法、新情况困境与挑战，思考与发现等方面的内容介绍观察情况。

从本次村(居)委会换届选举的结果来看，本观察点的"一肩挑率"达到 100%。按湖北省《关于做好全省村和社区"两委"换届工作的指导意见》要求;继续全面推行村(社区)党组织书记、村(居)民委员会主任"一肩挑",积极推进村(社区)"两委"成员交叉任职,村(居)民委员会主任"一肩挑"比例不低于95.0%。2018年12月28日起施行的《中国共产党农村基层组织工作条例》等中央文件均提到了全面推行村党组织书记、村委会主任"一肩挑"。2019年9月1日,新华社发布消息称,近日,中共中央印发了《中国共产党农村工作条例》(以下简称《条例》),并发出通知,要求各地区各部门认真遵照执行。《条例》第十九条再次明确"村党组织书记应当通过法定程序担任村民委员会主任和村级集体经济组织、合作经济组织负责人"。本章也结合此现象进行重点介绍与讨论。

第一节 观察点基本概况与选情背景

(一)观察点介绍

远安县位于鄂西山地向江汉平原的过渡地带,历史文化悠久,是楚文化的发源地之一。县域面积1752平方公里,辖6镇1乡、117个村(社区),19.5万人。全域以山地为主,生态环境优良,森林覆盖率74.5%。全县土地总面积1752平方公里,人均土地面积0.9公顷。全县耕地面积21716.46公顷,园地3805.4公顷,林地139452.3公顷,草地358.28公顷,城镇村及工矿用地5426.93公顷,交通运输用地1414.9公顷,水域及水利设施用地5155.63公顷。2017年,实现地区生产总值210亿元,地方公共财政预算收入8.95亿元。

本次在远安县选取的三个观察点均为L镇下辖的村。重点观察村J村部分位于L集镇,辐射观察点P村和T村距离集镇也只有约6公里距离,同时,三个村被矿产资源运输要道——省道223、224穿村而过。

L镇位居远安县西北,距县城约36公里,是一个以山地为主要地形的乡镇,全镇辖16个行政村和1个居委会,86个村民小组,版图面积396平方公里,全镇总人口27234人。L镇矿产资源丰富,是亚洲储量最大的单体磷矿所在地,也是远安县磷化重镇,拥有磷矿开采、加工、销售企业20余家,中国民营企业500强湖北东圣化工集团坐落于此。L镇为远安所辖6镇1乡中矿产资源丰富、经济实力较强的一个乡镇。

J村是本次观察的重点村,该村为书记主任“一肩挑”,新当选主任已任一届。P村是L镇的东大门,为自然村,村委会临224省道而建;该村为书记主任“一肩挑”,且村支部书记为第一届任职。T村位于嫘祖镇集镇以北约6公里处,由原来较小的两个自然村合并而成,该村为书记主任“一肩挑”,新当选主任已在任十多年。

表6-1　观察点村情简介表

单位	面积(平方公里)	总人数(人)	村民小组(个)	党员(人)	两委人数(人)	后备干部(人)
J村	19	2308	8	73	4	2
P村	17	1850	5	56	4	2
T村	14	1281	5	49	4	2

(二)选情背景

在换届选举工作正式开始前,通过对该地部分领导干部、村“两委”干部、普通村民的走访得知,远安县党委政府高度重视本次换届选举工作,坚持全县统一部署规划,把村(社区)“两委”换届选举工作当成当前人民群众政治生活的头等大事来抓,全县多部门参与其中,积极筹备,并力争圆满完成本次换届选举工作。根据了解,该地高度重视本次换届选举工作主要有以下几个方面的现实原因。

第一,上级相关部门高度关注。本次观察开始之前,湖北省民政厅收到了来自某观察点多名村民联名的实名举报信件,信中描述了关于该村“两委”成员的违规行为,其中也有涉及换届选举的内容,省民政厅对此高度重视,因此临时换点,把该地设为村(居)委会换届选举观察点。面对上级相关部门的关注,当地党委政府也针对信件中的相关问题开始了调查,并高度重视本次换届选举工作。

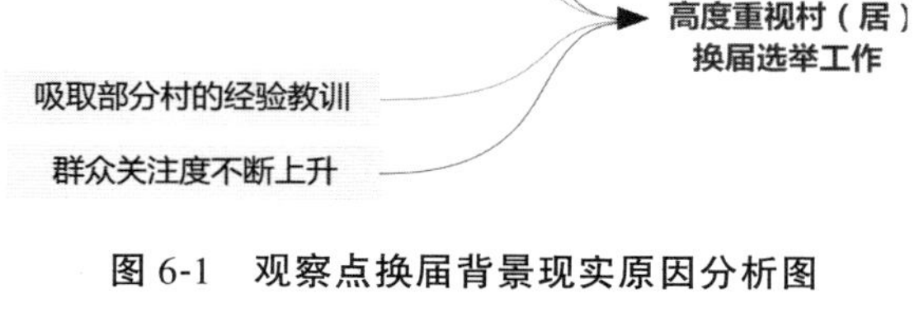

图6-1　观察点换届背景现实原因分析图

第二,选外纠纷可能影响换届。L镇的经济因矿而起。L镇依托辖区内丰富的磷矿资源,以矿产的开采与加工为重点,在较短时间内实现了经济崛起,其镇域经济实力一度排名全省前列。在依托矿产资源实现经济快速发展的同时,也不可避免地引发了一系列问题,根据观察,这些问题包括征地拆迁、项目建设、环境保护、山林土地确权等利益纠纷,涉及政治、经济、文化、生态、社会等多个领域;同时,这些问题在现实中表现为村民与各种主体之间的矛盾。本次观察的三个村均沿矿产运输要道分布,且都受到资源开发正反两方面的影响,存在上述的全部或部分问题,所以较之其他地区,观察点所在区域的利益纠纷较为明显。那么,部分有利益纠纷的个人或群体就可能会把本次换届选举作为“解决问题”的“有利契机”,进而影响换届选举的正常开展,甚至导致选举的失败。因此,基于选外纠纷影响选举的可能性较大,远安县高度重视本次换届工作的风险研判与管控。

第三,吸取历史教训。根据了解,本次观察重点村J村的上一届村委会换届选举大会现场,由于流动票箱操作的不规范、村民对于投票相关规则和程序的不了解以及现场秩序管控不到位,导致了选举大会现场的失控,出现了抢砸票箱、破坏现场设施、误导选民投票等问题,这直接导致了第一次选举大会的失败。因此,基于选举失败的历史教训,远安县高度重视本次换届工作程序的依法依规。

第四,群众关注度不断上升。根据走访了解,由于部分村管理不规范,出现了村“两委”成员侵吞集体财产、为他人谋取私利等违法行为,例如该镇的矿产资源大村S村前任“两委”班子因经济问题集体腐败。这些现象使得一些经济实力较强、涉及项目建设较多、情况较为复杂村庄的村民对村“两委”成员表现出了担忧,村民对村委会换届选举工作的关注度也在不断上升,都希望选出一个“好班子”。因此,面对群众的关注,远安县高度重视本次换届工作的监督与公开。

第二节　换届选举工作安排与主要做法

远安县坚持全县一盘棋,统一部署和安排换届选举的相关事宜,换届开始前,就已设定好整个换届选举推进时间表,并在依照时间安排表推进工作的过程中，积极采取一系列措施，有效推动换届工作。

一、远安县换届选举时间安排

2018年7月初，远安县下发《关于做好村（社区）"两委"换届选举准备工作的通知》；8月份，便由财政局牵头对全县117个村（居）委会开展财务审计工作。根据省委市委统一部署，远安县于2018年9月正式启动村（社区）"两委"换届工作，在村（居）委会换届工作开始前，于9月底完成了对10个软弱涣散村（社区）党组织的整顿转化工作；远安县于11月17日在全县117个村社区党组织召开党员大会，选举产生了新一届村（社区）党组织领导班子，其中，J村、P村、T村均顺利选出新一届村党组织班子，前期各项工作的顺利完成为后续开展村委会换届工作奠定了良好的基础。

10月22日，远安县民政局印发了《第十届村民委员会换届工作实施方案》《2018年居民委员会换届工作实施方案》，L镇也于当日印发《2018年第十届村民委员会换届工作实施方案》《2018年居民委员会换届工作实施方案》，以此为整个换届选举工作规划了较为明晰的路线图。根据表6-2显示的远安县村委会换届时间表，整个换届选举工作的时间安排为2018年10月26日至2018年12月27日，其中，12月15日为选举日，整个过程分为九个阶段二十步。

表6-2　远安县村委会换届选举时间安排表

第一阶段：准备阶段 （10月26日—11月17日），时间23天。	1. 选情研判（10月26日—11月17日）。
	2. 经济责任审计（11月12日前）。
第二阶段：成立机构、宣传培训 （11月18日—11月19日），时间2天。	3. 成立换届选举工作机构（11月18日）。
	4. 召开村民选举委员会和村民选举监督委员会会议（11月19日）。
	5. 宣传培训，武装骨干（11月19日）。
第三阶段：选民登记 （11月20日—11月24日），时间5天。	6. 登记选民（11月20日—11月24日）。
	7. 审核发证（12月10日前）。

续表

第四阶段:推选村民代表 (11月25日—11月28日),时间4天。	8. 确定村民代表名额、条件及产生办法(11月25日—11月26日)。
	9. 推选村民代表(11月27日—11月28日)。
第五阶段:提名介绍候选人 (11月29日—12月14日),时间16天。	10. 确定村民委员会职位、职数、候选人条件及产生方式(11月29日)。
	11. 提名推荐初步候选人(12月3日)。
	12. 审查确定正式候选人(12月4日)。
	13. 候选人开展竞争(12月5日—12月14日)。
第六阶段:大会选举 (12月6日—12月15日),时间10天。	14. 筹备选举大会(12月6日—12月14日)。
	15. 召开选举大会(12月15日)。
第七阶段:工作移交 (12月16日—12月25日),时间10天。	16. 工作移交。
第八阶段:后续工作 (12月18日—12月22日),时间5天。	17. 健全村民委员会下属委员会、推选村民小组长(12月18日—12月21日)。
	18. 推选村务监督委员会(12月22日)。
	19. 建章立制(12月16日—12月27日)。
第九阶段:总结验收 (12月23日—12月27日),时间5天。	20. 验收总结(12月23日—12月27日)。

远安县党委政府及L镇党委政府高度重视本次换届选举工作,在整个过程中,当地党委政府通过提前部署、精细组织、严把标准、研控风险、走访+宣讲,有利推进了本次村(居)民委员会换届选举工作。

(一)提前部署,打好换届选举工作基础

远安县坚持提前谋划部署,把各项准备工作做在前头,抓实了“四先四后”。按照先整顿后换届、先审计后换届、先考察后换届、先研判后换届的要求。7月初,该县下发《关于做好村(社区)“两委”换届选举准备工作的通知》,开始部署对软弱涣散党组织的整顿、干部离任审计、新任班子配备、换届风险防控等工作;8月份,财政局便牵头对全县117个村居正式开展财务审计工作,对于审计中的问题则及时反馈至乡镇,要求逐一制定整改措施并限期整改落实;9 月底,则完成了对 10 个软弱涣散村(社区)党组织的整顿转化工作。

在提前部署中,注重摸清换届工作底数。为了做到“五个清楚”,了解班子运行、思想动态、履职情况、配备优化、干部储备五个方面的情况,远安县制定下发《关于做好村(社区)“两委”换届前期考察工作的通知》,由各乡镇党委领导班子成员联合挂村“第一书记”、驻村工作队等逐村(社区)考察研判,在集中考察的基础上,各乡镇党委召开专题党委会,对各村(社区)综合情况进行分析研判,对不适宜继续在村(社区)担任职务的人员提前进行调整。村(社区)党组织换届前,共调整党组织书记 26 名,其他“两委”成员 42 人,为后期换届工作奠定了良好基础。

L 镇党委按照县委要求,从 4 月起多次进入各村(社区)实地开展换届调研,全面了解各村(社区)“两委”班子建设情况,对现任“两委”班子履职情况、软弱涣散党组织整顿等工作详细调研,了解民情民意,实地指导换届工作,并对换届启动后可能存在的风险问题进行提前研判。召集党员、村民代表,对现任班子开展考察测评工作,并一对一座谈村组干部、党员、村民代表、群众共计 340 余人。组织召开镇党组会议和专题办公会,审议通过村(社区)党组织、村(居)委会换届等相关实施方案,听取 17 个村(社区)“两委”换届工作指导组关于考察测评及座谈情况汇报,讨论各村(社区)人员考察、风险研判等情况,明确了换届工作重点和关键环节。

(二)加强党的领导,构建换届选举动力机制

正是在各种因素的合力影响下,观察点所在的远安县党委政府把本次村(社区)“两委”换届选举工作当作一件“大事”来抓,在坚持并加强党对于换届选举工作的领导过程中,构建起党委引领的高位推进、多方联动的动力机制。

第一,建立党领导的高位推进机制。一是县级层面,成立以县委书记为组长、相关职能部门为成员单位的工作领导小组,3 次召开县委常委会和专题办公会听取换届工作汇报,并审议相关实施方案。二是镇级层面,L 镇按照县委要求,成立以镇党委书记为组长的村(社区)“两委”换届工作领导小组,全程领导、指导村(社区)“两委”换届工作,并多次组织召开村(社区)“两委”换届领导小组会议,研究制定工作机制。由此在换届工作中,形成

了县党委和镇党委两级牵头抓总和密切配合的多级纵向工作格局,高位推进机制的建立运行,成为各项程序规则得以落实的基础。

第二,压实党委主体责任。在换届选举工作中,远安县积极落实乡镇主体责任。县委书记曾主持召开村(社区)党组织书记调整汇报会议,听取各乡镇、各相关单位关于换届工作情况汇报,要求压紧压实乡镇党委主体责任;县相关部门也组织召开了乡镇党委书记专题座谈会,为乡镇换届集中把脉,进一步压紧压实乡镇党委主体责任和党委书记“第一责任人”责任,构建了“1+7”责任体系,由县委常委挂帅对7个乡镇22个重难点村进行包保联系,并要求各乡镇党委全程把关换届工作,特别是党委书记要将关键环节抓在手上,并直接包保联系本乡镇重难点村。通过层层压实责任,以强化过程监督,保障相关程序推进到位。

第三,建立党委统筹的多方联动机制。村(社区)换届选举工作不是民政部门的“单打独斗”,需要多方联动。远安县在换届选举工作中,通过党委组织部门统筹力量,使多方联动起来,协调推进换届选举工作。一是观察点所在地的各级换届领导小组抽调相关部门精干力量组建换届工作专班,配套成立换届工作指导组、风气巡察督导组,建立了部门联动机制。二是各个村(社区)统筹挂村(社区)“第一书记”、驻村工作组、驻村“第一书记”及乡镇驻村干部力量,明确职责任务,协助做好村(社区)“两委”换届工作。如针对驻村“第一书记”,印发《关于进一步压实挂村(社区)“第一书记”在村(社区)“两委”换届中工作责任的通知》,进一步压实各挂村(社区)“第一书记”职责,对换届前民意走访、宣传发动、风险摸排,换届大会期间会场服务、应急处置,换届结束后村(社区)新老交接、发展规划、实事承诺等工作任务进行细化明确,为顺利完成村(社区)“两委”换届工作进一步增强力量、强化保障。通过统筹多方力量,为换届工作装上加速器,形成了多方联合推进、统筹协调、各司其职的横向联动工作格局。工作力量的增强,使得诸如选民登记、推选村民代表、提名候选人、选举大会等需要大力组织的关键环节得以保质保量推行。

(三)精细组织,推动换届选举落实落细

方案制定细。远安县在贯彻省市精神,借鉴周边县市做法基础上,结合县情实际制定印发了“1+3”工作方案,即1个总方案和3个子方案

(《2018年村(社区)党组织换届工作实施方案》《第十届村民委员会换届工作实施方案》《2018年居民委员会换届工作实施方案》),确定村(社区)党组织换届选举日和村(居)委员会换届选举日,明确换届工作流程,严格按照相关法规程序将工作任务细化到天。在县乡两级换届办公室挂图作战,精准指导各乡镇严格按照时间安排严谨有序推进。

日程把握细。远安县村(社区)“两委”换届领导小组办公室严把时间节点,定期下发工作提示,精准精细指导各村(社区)做好“两推”(党员推荐、群众推荐)、资格联审、县乡联合考察、初步人选公示、请示批复、选举大会等工作。L镇按照县换届时间安排表日程,细化了各个时间节点甚至是每一日的各项工作。一方面,对于应召开的会议及需通过文件等相关材料详细附属在换届日程表之中;另一方面,立足不同主体,根据换届工作中的不同人员身份,把各类人员当天应上报和公示的材料及工作进度等以备忘录形式注明在时间表中,从而让各级换届选举工作人员能够预判下一步的工作,做到心中有数,推进换届工作有序进行。

培训指导细。打铁还需自身硬,为确保换届工作人员程序清、底线明、政策通,远安县于10月22日召开了村(社区)“两委”换届工作动员部署暨业务培训会议,对全县村(社区)“两委”换届工作进行全面细致部署,包括L镇在内的7个乡镇均于10月26日前召开了动员会,并全覆盖召开业务培训会。乡镇换届工作领导小组也先后组织系统培训、分节点培训、集体培训、分村(社区)针对性培训等共计不下30余次。在培训过程中,分节点、有重点、攻难点,坚持把任务分工到人,把细节讲解到位。由于有了部分村上一届换届选举失败的教训,为使复杂村换届工作顺利推进,镇党委政府注重具体环节和操作细节,针对可能出现的各种紧急情况进行了多次应对彩排演练,切实提高了工作人员的应对能力。

(四)严把标准,保障换届选举依法依规

第一,选人标准严。远安县L镇对村(居)“两委”候选人的审核把关始终突出一个“严”字,通过前移审查关口、严把审核标准等方式力争选出“好人”,同时,在严的基础之上,严中选优,主动拓宽人才渠道,力争选出“能人”。一是实行关口前移。远安县L镇在省负面清单的基础上,结合实际,制定特色人选标准,实行“一人一档”,把好入口关,充分发挥资格联审的政治体检工作机制作用,实行审查前置化、筛子精细化、范围扩大化。在乡镇初审基础上,8月底、10月初,县级层面分别对各村(社区)“一村一策”方案进行了两轮资格审查,审查对象510人,共有11名不符合资格条件要求人员被排除在外。二是严把书记、主任人选标准。坚持牢牢把握“头雁”这个事关脱贫攻坚、乡村振兴、事业发展的关键,对此类人员重点把关,将落实上级要求与个人能力、实绩表现相结合,兼顾“三个区分开来[①]”,力争做到将想干事、能干事、会干事、干成事的人选出来。三是着力选优配强,拓宽选人用人渠道。一方面,远安县按照市委办《关于选派机关企事业单位优秀党员干部担任村(社区)党组织书记的通知》要求,对人选方案再调整、再优化,据远安县初步统计,以“派”“聘”的方式安排24名对象到村(社区)担任党组织书记,94名后备干部进入“两委”班子队伍;另一方面,全面推行兼职委员、发展顾问制度,想方设法将在外能人、技术人员吸纳进村(社区)“两委”班子,为村(社区)发展凝聚各方力量,L镇基于此项制度已推选出19名兼职委员、28名发展顾问,为家乡发展出谋划策。

第二,纪律要求严。一是严明换届纪律。印发《全县村(社区)“两委”换届“十个严禁、五个一律”纪律要求》(以下简称《纪律要求》),并组织换届相关人员进行集中学习谈话;县委政法委研究制定《关于严厉打击破坏村(社区)“两委”换届工作违法犯罪行为的通告》,印制1200余份在全县117个村居张贴,打击借机寻衅滋事、蓄意破坏选举等违法违规行为,引导广大党员群众合理合法解决诉求;县信访工作领导小组制定《2018年全县村(社区)“两委”换届选举期间信访维稳工作方案》,对维护全县村(社区)换届正常秩序细致安排部署。二是加强纪律宣传落实。在远安网、电视台开辟“换届进行时”专栏,并通过远安党建、远安发布等微信公众号加强换届纪律知识宣传,切实加强纪律教育,坚持把纪律挺在前面。L镇也切实落实纪律要求,通过悬挂横幅、制作宣传栏、开展警示教育、发放宣传资料等与宣传动员相结合,召开党员大会和村民大会,广泛宣传从严从实推进《纪律

---

① 习近平总书记在2016年省部级主要领导干部学习贯彻党的十八届五中全会精神专题研讨班上的讲话中指出:“要把干部在推进改革中因缺乏经验、先行先试出现的失误和错误,同明知故犯的违纪违法行为区分开来;把上级尚无明确限制的探索性试验中的失误和错误,同上级明令禁止后依然我行我素的违纪违法行为区分开来;把为推动发展的无意过失,同为谋取私利的违纪违法行为区分开来……”意指保护那些作风正派又敢作敢为、锐意进取的干部。

要求》贯彻落实;组织换届工作人员与候选人签订严守换届纪律承诺书200余份,宣传教育9000余人次;加强质量督导,细化巡察组工作职责,定期走访巡查,制定“1234”巡查机制:一看公开栏是否张贴公示清楚,二查换届资料是否整理归档到位,三问村(社区)工作人员是否业务娴熟掌握,四访村民是否了解换届政策及进展,对存在的问题以及工作不到位、程序不合规等情况督促限期整改。

最后,工作程序严格依法依规、公开透明。根据《中共中央组织部 民政部关于进一步严肃村“两委”换届工作纪律的通知》要进一步“细化换届工作程序”“严格投票组织管理”“完善防范监督措施”等相关规定,L镇党委政府结合当地的换届背景情况,特别注重工作程序的依法依规。相关领导也强调,严格把握换届选举程序规定,注重细节,统一步调,及时公开选举信息,加强资料审核报备,严把换届工作程序,确保整个换届选举工作圆满有序完成。L镇指导组、督导组将程序执行作为培训、督导作为核心内容,在结合镇情村情实际的基础上,基本保障程序不减、不散、不乱;同时,盯紧盯牢选民资格认定、候选人推选、选举大会组织、填写选票等容易出问题的环节,提前采取预防措施,加强重点监管,坚决堵住漏洞。L镇在换届选举大会召开前,组织各村和社区的大会筹备工作人员进行选举大会程序培训,按照换届选举工作指南上的流程一项一项讲解,力求每个村做到程序规范、方法正确、结果理想。在经济责任审计环节和相关换届信息问题上,L镇力求做到清楚透明,聘请第三方审计部门,审查村级财务,并向村民及时公开,对财务不清、群众意见较大的村,进行集中清理整顿,并在换届前考察测评会上发布财务审计情况,对群众有疑问的财务支出做出合理解释,让群众内心清透,确保换届工作规范有序进行。

(五)研控风险,推进换届选举有序开展

远安县在换届选举工作中,针对以往工作的教训,十分重视换届选举工作的风险研判和管控。县委副书记曾主持召开村(社区)“两委”换届风险研判会议,听取各乡镇、各相关单位关于换届工作情况汇报,并作出了相关指示和要求。远安县在换届风险研判和管控上主要做法如下。

督导检查常态化。远安县要求包保乡镇县委常委、县村(社区)“两委”换届巡回督导组、风气巡查组、指导组要强化对换届工作指导与督导,实现检查督导常态化;县级各种督导、指导、检查组深入相关村(社区)60多次,注重发现和督促解决问题,突出换届纪律、选举风气,强化监督检查,确保换届工作的风清气正。

推进风险防控再强化。远安县明确县委政法委为换届期间信访综治工作牵头单位,梳理制定风险隐患清单,落实责任单位,明确时限、逐一销号,并建立风险隐患“一日一汇总、一日一交办、一日一督办”机制,共同为全县村(社区)“两委”换届创造良好社会环境。

注重引导舆论。L镇党委政府立足前期调研掌握的村情资料,客观分析各村选情,对形势复杂、矛盾较多的村,做好应对预案,狠抓教育引导,主动介入,及时化解矛盾,力求平稳。针对难点村,L镇党委负责同志多次到村组征求基层意见,倾听群众呼声,开展矛盾排查,理清工作思路,引导党员村民有序参与换届选举;在部分选情复杂的村,一些关心换届选举工作的村民如果愿意,其可以被邀请成为村级观察员,全程观察换届选举工作。

及时统计工作进展。L镇建立“工作每阶段一提示、进度每天一汇总”工作机制,结合工作推进情况,不定期组织召开工作调度会,及时研究解决工作中遇到的问题。对村(社区)的工作安排,要求按照时间节点以照片形式反馈,实时掌握17个村(社区)工作进展,做到心中有数,稳步推进。

(六)增加宣传渠道,提高参选意愿

远安县为动员广大选民积极参与换届选举工作,选出一支党组织信任、人民群众满意的村(居)委会班子,实现两委“交叉任职”和“一肩挑”的目标,在全县范围内开展了村(居)民委员会换届选举民情民意大走访活动和换届选举政策宣讲会活动,从而以走访加宣讲的方式推动组织意图在两委换届选举中的贯彻。根据选举的实际结果,在本轮换届选举中,L镇共13个村实现书记、主任“一肩挑”。

全县大走访活动和政策宣讲会在县、乡(镇)村(社区)“两委”换届工作领导小组指导和各村(居)民选举委员会统筹安排下进行,由乡镇党委统筹县驻村单位调度,结合村(居)民委员会换届选举“推选村(居)民代表”“提名推荐村(居)民委员会初步候选人”开展,并于12月3日前完成。在大走访中,通过挂村“第一书记”统筹安排,以屋场会形式,选拔表达能力强、群众工作经验丰富的干部职工,将各级党组织关于村(居)委会干部的“任职条件""交叉任职""一肩挑""干部年轻化"等要求，通过思想政治工作或宣传引导等方式传达给选民并转化为选民意愿，从而动员、提高选民的政治参与意愿和参选率。

在走访活动和政策宣讲中，一方面，向村（居）民了解村（居）民委员会换届宣传动员情况、询问登记选民情况并征求选民的意见和建议；另一方面，宣传相关选举法律法规和省市县委换届选举政策、纪律及换届方案，向村（居）民进一步明确各级党委的选人用人意见，引导村（居）民正确认识各级党委的选人用人标准、正确认识"交叉任职"和"一肩挑"、正确理解村（社区）"两委"班子成员工作的压力与艰辛、正确对待换届选举并以主人翁的姿态积极投身选举的全过程。

二、换届选举观察点的基本情况

观察点的换届选举工作依照全县时间安排表，在乡镇换届选举工作指导组的指导下逐步推进，现根据观察情况，本部分将对观察点换届选举的基本过程、基本方法、基本结果和基本结论进行论述。

（一）基本过程及方法

L镇根据远安县下发的时间安排表，统一部署和开展了本次换届选举工作，下面将结合对观察点的实际观察情况对整个换届选举过程及方法进行论述。

1. 成立工作机构、开展宣传培训（11月19日）

11月19日，在L镇党委政府的统一部署下，逐村落实了换届选举指导人员，三个观察村均在乡镇换届选举指导组成员的指导下，由村委会成员主持成立了换届选举工作机构并开展了宣传培训活动。本阶段的工作主要是通过四场会议的形式开展的，其流程及参会人员如图6-2所示。

第一，召开动员会。11月19日上午9时许，三个观察村分别召开动员会，听取了村民委员会班子成员述职，由参会人员对其进行民主测评并进行公示。

第二，召开村民代表会。动员会结束后，其他代表退场，第九届村民代表召开村民代表会，讨论并举手通过了《村民选举委员会推选办法》和《村民选举监督委员会推选办法》，接下来，在村党组织的领导下，在上一届村民委员会主持下,采用无记名投票方式,由村民代表推选产生了新一届村民选举委员会和村民选举监督委员会。在J村和P村,均产生了9名选举委员会成员和5名选举监督委员会成员,T村产生了7名选举委员会成员和5名选举监督委员会成员。值得一提的是,对比三个村第十届和第九届选委会、监委会成员名单,其人员基本保持不变,且多数为村民代表成员。

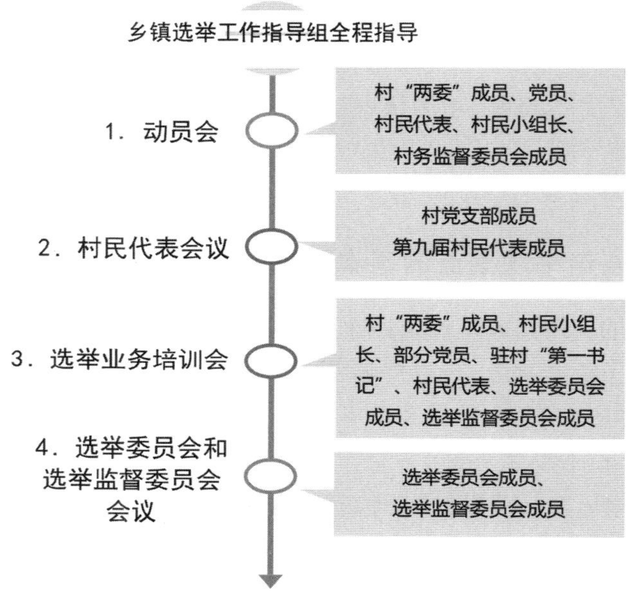

图6-2　第二阶段相关会议流程及参会人员情况图

第三,召开选举工作培训会。在新一届村民选举委员会和村民选举监督委员会产生之后,原中途离场的党员等其他代表返场,召开了由乡镇选举工作指导组主持的选举培训会,使其了解法律的各项具体规定,熟悉选举工作的具体程序,熟练掌握操作的具体方法,并发放《致村民的选举公开信》到各村民小组长手中,由其转发本组村民。

第四,召开村民选举委员会和村民选举监督委员会会议。培训会结束后,便随即召开了此会议。整个会议主要有三个方面的议程。首先,三个观察村均按照程序把村支部书记推选为选举委员会主任,并对成员进行分工,随即打印了公告(公告一、公告二)并在村级事务公开栏进行了张贴发布。其次,在选举委员会主任的主持下,直接向其他与会者介绍和宣读了县里对整个换届选举工作的整体规划,其中包括大会选举日、投票地点、第十届村民委员会选举工作实施方案、参加选举的村民登记办法,明确选民登记方式、时间、对象、地点等,宣读完毕后,询问大家有没有不同意见,大家均表示无异议。最后,三个村根据以往的做法和经验,把选委会、监委会、村委会的部分成员确定为本次登记选民工作的登记员,随后,村委会工作人员便把选举登记的相关事宜以公告(公告三、公告四)形式发布在村公开栏中。

2. 登记选民(11 月 20 日至 11 月 24 日),时间 5 天

《湖北省村民委员会换届选举工作指南》第三章强调:“参加选举的村民登记是搞好村民委员会换届选举的基础,是维护村民依法享有选举权利的保障。”这项工作做得是否到位,将直接影响换届选举的所有后续环节。观察村的登记选民工作按照县换届选举时间安排表规定的时间,在镇一级政府的统一部署下,于 11 月 20 日正式启动。观察点的登记选民工作大致可以分为选民登记培训、开展登记工作、复查登记情况三个阶段。

11 月 20 日上午 8 点 20 左右,召开培训会,选民登记工作正式启动。L 镇在镇政府四楼召开了选民登记培训会,会议由分管民政的副镇长和民政办主任主持召开,全镇所有村(社区)的选民登记负责人(一般为村会计)及登记员代表(一般为选委会、监委会、组长、村民代表)参会学习了登记选民办法。会议的主要内容包括三个方面,首先,向各村登记员明确了省、市、县对于选民登记的要求和意见;其次,讲解了选民登记的方法、对象、时间等;最后,强调了登记选民各种任务的时间安排。

11 月 20 日下午,观察村按照上午会议的相关要求,正式开始了选民的登记工作。当天下午,各观察村依照户籍名册和清单对空挂户和外出务工人员信息进行了清理。

11 月 21 日,各村正式开展选民登记。上午,各村分别召开了村级的选民登记培训会,对全村所有的登记人员进行培训并发放了花名册、登记册、公开信等入户登记材料,会议结束后,各登记员随即回到各自负责的小组正式开展登记。在选民登记方法上,三个观察村结合本村实际,均采用设立登记站与入户登记相结合的方式。

11 月 21 日到 23 日,观察组跟随三个村的登记员各进行了一天的选民登记观察工作。三个村都基本于 23 日完成了入户登记工作,并在 24 日进

行查缺补漏，核实情况，特别是针对委托代投人员，登记员都通过当面询问、发短信微信、打电话的方式予以确认，同时做好时间记录、截屏、录音等痕迹管理以存档备查，并于24日发布登记参加选举的选民名单（公告五）。根据图6-3所示的选民登记情况，三个观察点中，J村总人口2308人，常住人口1850人，登记选民1671人；P村总人口1850人，常住人口1700人，登记选民1462人；T村总人口1281人，常住人口900人，登记选民738人。

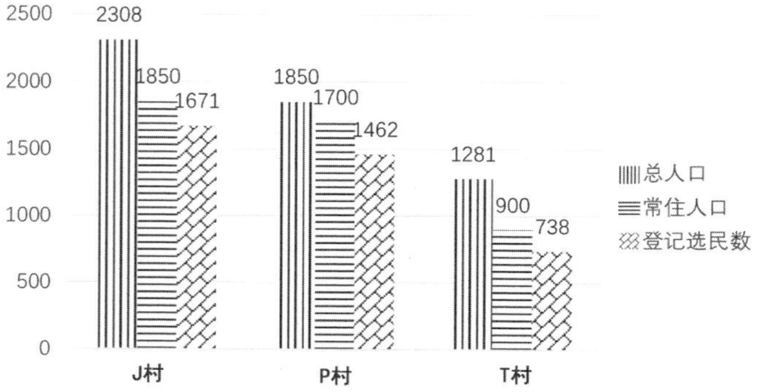

图6-3　观察点人口及选民登记情况图（单位：人）

选民名单公布后，镇民政办根据各村选民登记情况表，汇总整理并通过打电话和走访等形式检查确认登记工作是否到位，对于存在问题的村或社区，以重新入户或上交痕迹资料的形式加以完善。同时，在11月24日以后，对登记参加选举的选民名单有异议的村民，也可以向村委会或选举委员会进行了反映，三个观察村的选民登记基本维持24日以前的登记情况，人数变化不大。在11月30日到12月10日，观察村通过各村民组长、村委会成员、村民代表等向登记参加选举的村民发放了选举证和委托代投证。

3. 推选村民代表（11月26日至11月28日），时间3天

村民代表是组成村民代表会议的主体，是村民利益和意愿的代表者，按照村民意愿选出合适的代表是整个换届选举工作中的关键一步。

11月26日，观察村的推选村民代表工作正式开始。26日早晨，三个观察村分别召开了村民选举委员会和选举监督委员会会议。会议上，选举委员会主任及镇换届选举指导组成员向大家宣读了县里有关村民代表的条件及产生办法，并由村支部书向选委会、监委会成员说明了各个小组的代表名额，最后询问大家意见，大家均表示赞同。会议结束后，随即发布了公告

(公告六)。经过会议讨论,J 村确定的村民代表名额为 26 人,P 村为 25 人,T 村为 25 人。

11 月 26 日下午,各村正式开始下组开展推选村民代表工作。本次观察的三个村推选村民代表均是以村民小组长主持召开本小组三分之二以上户代表参加小组会议的方式进行的。J 村和 T 村于 26 日下午开始,P 村于 27 上午开始,其中,观察村的部分小组由于人员居住分散,呈现出小片聚居的状态,所以换届工作人员采取了“屋场会”的形式,即本组居住较为集中的村民分为一个屋场,一个屋场一场会,然后把本小组村民的投票结果汇总形成本组的最终推选结果。28 日之前,各个村都在规定时间内推选出新一届村民代表并发布了公告(公告七),同时,颁发代表证、落实联系户,并报 L 镇人民政府备案。

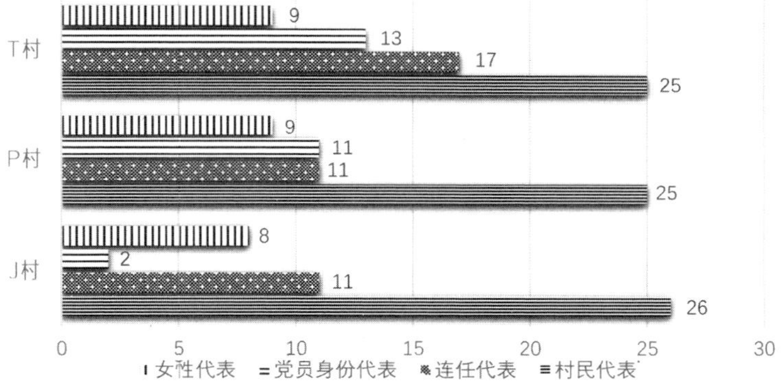

图 6-4　观察点第十届村民代表情况表(单位:人)

4. 提名介绍候选人(11 月 29 日至 12 月 14 日),时间 16 天

11 月 29 日,确定村民委员会职位、职数、候选人条件及产生方式。当天,各观察村由村民选举委员会主持召开新一届村民代表会,在会议上,向各位村民代表介绍了县镇两级政府对新一届村民委员会班子成员职数、职位和村民委员会候选人条件、负面清单的要求;就村民委员会候选人提名办法、提名时间、提名地点、提名投票方式、提名要求询问各位代表的意见,最终通过了提名候选人的相关办法,并随即发布了公告(公告八)。三个观察村村委会成员设置均为 4 人,其中主任 1 名,委员 3 名。

12 月 2 日至 12 月 3 日,提名推荐村民委员会初步候选人。三个观察村以村民小组为单位召开了登记选民会议,按照村民委员会候选人提名产生办法提名推荐初步候选人,其中,12 月 2 日,T 村五个小组全部完成提名工作,J 村和 P 村于 3 日下午结束。小组提名会议由选民一人一票,按照设岗定位、等额提名、简单多数的原则,直接提名村民委员会候选人。

观察组全程观察了 J 村 3 组的候选人提名会议,会上主持人引导选民把村党组织书记推选为村民委员会主任候选人,提倡村党组织成员交叉到村民委员会,并告知大家相关人员的具体名单供大家参考。在现场发现,本组的很多选民没有到场,他们选择以其他选民到场代写的方式提名候选人,其中,很多选民选择以家庭代表或户代表的方式(一家或一户来一名选民)填写自己家庭里所有选民的提名票;部分选民也由选委会和监委会成员打电话询问意见而进行了提名投票。12 月 3 日,各观察村将提名候选人得票情况进行公告(公告九),并报乡镇选举指导组备案。得票结果显示,三个观察村的组织意图候选人均提名成功。

12 月 4 日为审查确定正式候选人日。由于前期已经对当选为支部书记、委员的人员进行了资格联审,所以该阶段只是对部分新选上来的候选人进行了资格审查。各观察点在 12 月 5 日发布了正式候选人名单的公告(公告十)。

12 月 5 日至 12 月 14 日为组织正式候选人开展选举竞争阶段。根据观察,三个观察村的选举竞争阶段基本以在公告栏张贴候选人的简介和承诺书为主要方式。

5. 大会选举(12 月 6 日至 12 月 15 日),时间 10 天

12 月 6 日至 12 月 14 日,为筹备选举大会阶段。

在此期间,各村和社区在 L 镇党委政府的统一部署下安排准备工作,包括印制选票、办理委托投票手续、决定投票方式、发放选举证、发放委托投票证、确定选举大会的具体时间和地点、选举大会筹备培训等。观察村也在根据自身的实际情况积极准备选举大会前的筹备工作。

关于委托代投,观察村均由各村会计负责,自选举名单发布之日起 7 日内,采用手机短信、微信、打电话等方式,办理委托投票,保留痕迹,存档备查。12 月 10 日,由村民选举委员会发布了委托人与受托人投票名单并登记造册,发布公告(公告十一),由选委会、监委会、村民组长、村民代表发放委托投票证给被委托人,并在被委托选民的选举证上注明。

关于大会筹备培训。12 月 12 日,L 镇在镇政府会议室召开选举大会业务培训会,L 镇党委书记、分管民政的副镇长、党委组织委员、各村选举大会筹备人员代表参加会议。参会领导分别就大会前的准备工作、大会上的各项议程、选举大会的特别注意事项向各村代表进行讲解。会议中,镇党委书记特别强调要吸取部分村上届村委会换届选举大会失败的教训,严格规范程序,做好紧急预案;组织委员也根据《湖北省村民委员会换届工作指南》的要求,向各村发放了大会议程模板。

关于大会形式和时间。三个观察村中,J 村和 P 村只有一个选举大会会场,T 村在选举大会会场外设立两只流动票箱;P 村与 T 村的换届大会在村委会前广场举行,J 村换届大会在镇中心小学举行。全县的换届选举大会均于 12 月 15 日上午召开,三个观察村均在 12 月 10 日发布了关于换届选举大会时间和地点的公告(公告十二)。

12 月 15 日,包括三个观察村在内,全县各村(社区)的换届选举大会召开。

观察组于 15 日上午选举大会开始前到达 J 村大会地点——L 镇中心小学。参与大会筹备的有原村委会、选举委员会、选举监督委员会、镇换届指导组、驻村扶贫干部、县委党校(扶贫联系单位)、镇派出所等相关人员。

大会开始前,筹备人员积极布置选举大会会场。大会现场悬挂了会标及标语,设置了主席台,安装了音响设备,并根据村民小组划分就座区域,每个村民小组区域前设立一个投票箱、一个秘密写票处、一个验证发票处;大会现场配备一台录像机,九名民警均佩戴执法记录仪。

上午 10 点半左右,J 村正式召开选举大会,投票选举新一届村民委员会成员。整个大会共分以下几个环节:

(1)清点到会人数。由于村民从大会前至大会开始后均在不断赶来现场,所以直到分发选票时才最终清点到会人数。

(2)报告到会人数,符合法律规定,宣布大会开始,宣讲大会纪律和注意事项;奏国歌。

(3)宣读选举办法;报告本届选举工作进展情况和候选人提名情况及正式候选人名单;宣布选举工作人员,包括大会总监票人、监票人、唱票人、计票人等工作人员名单。

(4)检查并密封票箱；启封、清点选票；讲解选票；验证选票。

(5)秘密写票；投票；销毁剩余选票。观察村为现场投票的每位选民发放一盒方便面、一袋面包、一瓶纯净水，并在村民投票后发放领取物资的物资券，绝大部分村民在领取物资券后离开大会现场。

(6)集中票箱，清点检验选票，公开计票；此环节中，J 村分 8 个计票小组分别对各自票箱的选票进行统计；然后把各个票箱的结果汇总，张榜发布。根据现场情况来看，发布结果时，部分现场选民早已离场。根据现场统计，三个观察点的投票情况如表 6-3。

表 6-3 观察点选举投票情况表

	J 村	P 村	T 村
登记选民人数(人)	1671	1462	738
实际投票人数(人)	1365	1085	594
现场投票人数(人)	714	766	418
委托代投人数(人)	651	319	176
收回选票数量(张)	1344	1071	594
有效选票数量(张)	1334	1060	586

(7)当场发布选举结果；宣布当选名单，颁发当选证书；封存选票、填写报告单，上报选举结果；新当选村委会成员代表表态发言。至此，村委会换届选举大会结束。

选举大会结束后，本次观察工作接近尾声，观察员按照相关要求，在当地党委政府的协助下，对本次换届工作的相关材料进行了最后收集和汇总。

(二)基本结果以及观察工作的基本结论

远安县村(居)民委员会换届工作从 2018 年 10 月 26 日启动到 12 月 15 日完成。观察点先后完成了动员培训、推选村(居)民选举委员会和选举监督委员会、登记选民、推选村(居)民代表、提名推荐初步候选人、审查确定正式候选人、组织正式候选人开展竞职活动、召开村(居)民选举大会等阶段任务。期间，L 镇第十届村(居)民委员会换届工作自 2018 年 10 月 26 日启动，成立了村(社区)“两委”换届选举工作领导小组，全程督导各村(社区)开展换届工作。

纵观整个选举过程,L镇严格执行了相关法律、法规,充分保障了村民的民主权利,选优配强了村(居)民委员会班子,实现了村“两委”交叉任职的组织意图。三个观察点的换届选举也在L镇党委政府统一指导下,通过选民投票,均实现了书记和主任“一肩挑”以及“两委”交叉任职的目标,产生了新一届的村民委员会。

L镇第十届村委会换届选举基本按照《湖北省村民委员会选举办法》《湖北省村民委员会换届选举工作指南》《关于做好全省村和社区“两委”换届工作的指导意见》等相关规定和要求,在村民选举委员会的成立、选民的登记、候选人的产生、选举的方式等方面都是按照程序要求规定操作的,在选举程序上基本做到了程序化、公开化。在整个换届选举工作中,远安县、L镇党委政府坚持党的领导,坚持依法依规办事,保障了村民的基本权利。

第三节 观察点换届选举新情况:“一肩挑”的全面覆盖

一、选举新情况:“一肩挑”的全面覆盖

村民政治冷漠一直是推动换届选举工作乃至村民自治发展的突出问题,其一般导致换届选举中村民的参与度低,而这就使得换届选举工作的一些环节无法有序和正常开展。根据观察,在本次换届选举当中,观察点却呈现出了一种不同于上述情况的“新情况”,村民的参与度呈现出了较高水平,村民参与到村民委员会换届当中的比例不断扩大。这主要表现在以下几个方面。

一是选民登记率较高。根据观察点提供的选民登记情况显示,整个L镇的选民登记应登人数为23322人,实际登记选民18561人,全镇选民登记率达到了80.0%;同时三个观察村的选民登记情况显示,J村选民登记应登人数为1951人,实登1671人,登记率达到了85.6%;P村应登1561人,实登1462人,登记率达93.7%;T村应登1120人,虽然该村的外出务工人员达到了应登人数的23.0%,但也实际登记了738人,登记率达到65.9%。根据图6-5显示的观察点登记率,三个观察点的平均登记率达到了81.7%。观察点的高登记率为做好村民委员会换届选举奠定了基础,为后续工作的开

展提供了便利，保障和维护了村民依法享有的选举权利。

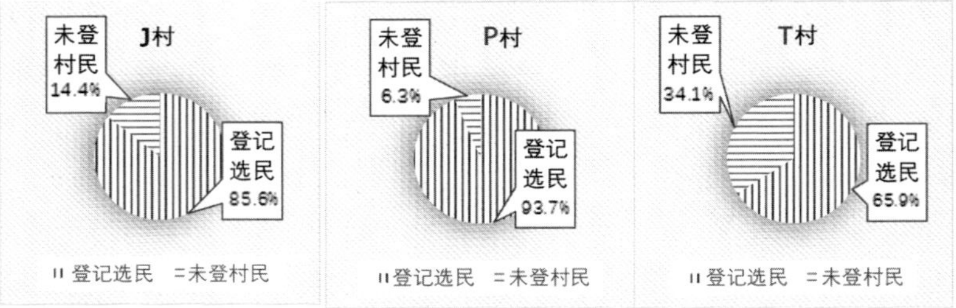

图 6-5　观察点登记选民占应登村民人数比例图

二是参与选举投票的选民参选率高。根据《湖北省村民委员会选举办法》规定，判断选举是否有效的一个重要条件就是投票选民是否超过登记选民人数的一半，必须确保过半登记选民参加投票，选举才是有效的。根据观察，观察点参与投票的选民数量多，参选率较高。根据观察点选举当天的情况来看，J 村、P 村、T 村分别有 1365 人、1085 人、594 人参与了投票（包含实际委托代投选民），同时，除去委托代投选民，J 村、P 村、T 村现场参与投票的选民人数分别为 714 人、766 人、418 人。

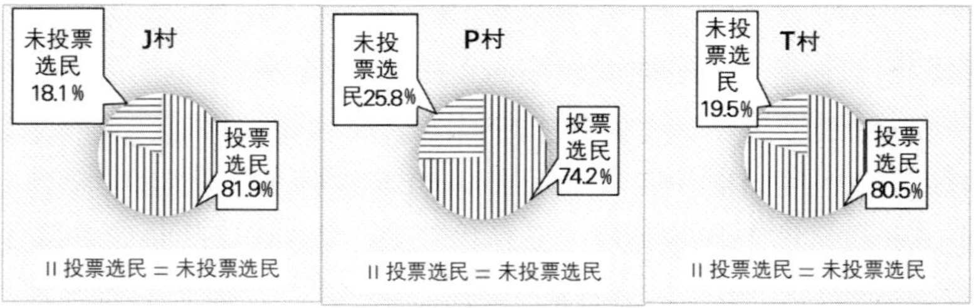

图 6-6　观察点登记选民中参与投票选民比例图

结合三个观察点的选民登记人数，根据图 6-6 可知，J 村、P 村、T 村参与投票的选民人数分别达到了登记选民人数的 81.9%、74.2%、80.5%，选民参选率达到了较高水平，而且，除去委托代投选民，P 村和 T 村现场投票选民就分别超过了登记选民人数的 52.4% 和 56.6%。观察点的高参选率不仅保障了广大选民的选举权利，更使得整个选举结果更具有广泛性、代表性、真实性。

三是本次换届选举观察点的村“两委”均实现交叉任职的组织意图，书记和主任“一肩挑”全覆盖。党的十九大把加强党的基层组织建设作为提高党的政治领导力、思想引领力、群众组织力、社会号召力，永葆党的旺盛生命力和强大战斗力的重要内容。十九大报告指出，“党的基层组织是确保党的路线方针政策和决策部署贯彻落实的基础。要以提升组织力为重点，突出政治功能，把企业、农村、机关、学校、科研院所、街道社区、社会组织等基层党组织建设成为宣传党的主张、贯彻党的决定、领导基层治理、团结动员群众、推动改革发展的坚强战斗堡垒。党支部要担负好直接教育党员、管理党员、监督党员和组织群众、宣传群众、凝聚群众、服务群众的职责，引导广大党员发挥先锋模范作用”。农村基层党组织书记通过法定程序兼任村委会主任这项工作在全国多地快速推进，湖北省在2018年3月发布的《中共湖北省委 湖北省人民政府关于推进乡村振兴战略实施的意见》明确提出，“继续全面推行村党组织书记通过法定程序担任村委会主任”。三个观察点的换届选举也在L镇党委政府统一指导下，通过选民投票，均实现了书记和主任“一肩挑”以及两委交叉任职的目标。

二、新情况产生的原因分析

观察数据表明，观察点无论是选民登记比例还是选民参选比率都是较高的。根据实际观察，在当前村民参与换届选举积极性普遍不高的背景下，观察点村民参与呈现新情况主要有客观和主观两个方面的原因。

一方面，观察点的客观情况特殊。第一，L镇矿产资源丰富，是一个资源型乡镇。三个观察点虽没有直接的矿产资源开采情况，但紧邻资源开采的核心村落，且都位于矿产资源运输要道沿线，因此也都受到了资源开发的直接影响，具有了资源型村落的部分特征。基于此，观察点村庄公共权力价值较高，村庄涉及公共利益的问题较多，而村民参加选举活动的利益冲动也更加强烈。第二，L镇是一个山区乡镇，包括观察点在内的全部村落均在相对闭塞的山区，山区的村民之间情感联结较之城市则更为紧密，而换届选举作为一项“集体活动”，一旦党委政府动员组织，村民就容易主动参与到换届选举当中去。

另一方面，从主观上来讲，是观察点所在地方党委政府的高度重视，积极动员组织。远安县、L镇党委政府立足实际，采取针对性措施，投入较大人力、物力、财力，动员、便捷村民参与换届选举。第一，L镇党委政府以宣传动员与物质激励并行,提高村民对换届选举的知晓度并推动村民参与选举。远安县要求全县各村(社区)通过电话、短信、微信等方式通知外出人员回乡参加换届选举工作,并通过编发简报、悬挂横幅、发放公开信、张贴公示公告等形式宣传换届相关政策法规,确保党员群众对换届工作的知晓率、参与率。换届期间,L镇共悬挂横幅170余条,印发公开信1100余张,张贴公示公告400余份,并通过"村村通"广播播放换届政策及相关要求,同时,加强与在外村(居)民联系,通过电话、微信、QQ等方式,讲解政策法规,引导他们返乡参加选举,正确行使民主权利,据统计,选举当日约有1000名村民回乡参加换届投票。同时,L镇在相关政策规定的基础上,制定了相应的物质补偿和奖励机制。观察村对于换届工作中全程参与的选举委员会和选举监督委员会成员给予每人一天80元的劳务补助和20元的餐补;为鼓励选民现场投票,该村对到场的选民发放一定的参会物资。第二,便捷村民参与,以保证参选率。针对山区交通不便、天气多变的情况,L镇采取了以下对策:一是在部分村增设了投票站和流动票箱,据统计,整个L镇共方便了991名老、弱、病、残村民在选举大会当天行使选举权利;二是在推选村民代表和提名候选人阶段,以"屋场会"形式让群众少跑腿,便捷村民参会;三是在部分村安排机动车辆,统一安排接送偏远地区的村民参加选举;四是为保障选民及时参与,L镇政府联系县经信局、磷化办等单位,通知矿山企业在选举大会当天停工,确保工人能够回村参加选举。

三、对新情况的思考

本观察点所反映出来的新情况其实是一个好情况,较高的参与率使选举结果更具有广泛代表性,书记和主任"一肩挑"全覆盖则扩大基层党组织覆盖面,着力解决一些基层党组织弱化、虚化、边缘化问题。前面谈到,观察点新情况的出现是基于该地特殊的客观条件,党委政府充分组织动员的结果,所以我们反思新情况时也要考虑主客两个方面。

当地党委政府积极组织动员体现的是党委政府对于村(居)委会换届选举工作的高度重视。在背景介绍中,我们也了解到该地的换届选举受多方关注,为了确保换届成功,当地党委政府高度重视,积极推动,而组织动员村民参与选举成为积极推动的工作之一。由此我们看到,只要地方党委政府高度重视村(居)委会换届选举工作,把其当作一件大事来抓,就能够在提高村民参与率等方面起到实际效果。特别是在市场经济的大背景下,观察点的具体举措如通过协调相关主管部门确保选举当天放假,以及对选举委员会等全程参与者给予一定的物质支持等,可以考虑以更加合理的方式融入相关政策规定。

观察点的客观条件具有特殊性,由于其具有部分资源型和完全山区型的乡村特点,使得观察点的村民参与换届选举的利益冲动和情感自愿更加强烈,当党委政府从外在加以组织动员,村民更愿意主动参与进来。而这种同时带有资源型和山区型两种特点的乡村毕竟只是少数,也就是说村民能同时具有较强利益冲动和情感自愿的乡村并不多。那么,地方党委政府的组织动员可能就不会同观察点一样容易起到较大效果,或者说需要地方党委政府投入更大的人力、物力、财力。

综合起来看,这也说明要提高村民的参与度,需要党委政府的积极组织动员,而更重要的是要提升村民参与选举的利益认同和情感认同。而对于大部分地区,没有自然地理条件形成的强烈“天然”利益冲动和情感认同,就需要通过外在的手段推动形成。

第四节 换届选举观察点的困境与挑战

一、部分换届选举不够严谨

选举程序是村(居)民委员会换届选举过程的总纲,是对各项安排、进程等操作性的规则,拥有一个良好的秩序规则,整个换届才能顺利推进。根据观察,观察点的整个工作程序基本遵循《湖北省村民委员会选举办法》《湖北省村民委员会换届选举工作指南》《关于做好全省村和社区“两委”换届工作的指导意见》的相关要求,整个换届程序的推进是完整有序的;但是,也存在着部分程序细节把控不到位的情况。

一方面,部分程序的时间把控不到位。在换届选举工作正式开展前,远安县就制定了全县统一的换届时间安排表,统一时间、统一流程、统一方式方法,这无疑有利于全县换届选举工作的有序进行,但根据观察点换届工作的实际开展情况,部分环节的时间设置较为紧凑,这增加了工作人员的工作强度,也一定程度上影响了工作质量。这主要表现在两个阶段的工作中。一是成立换届工作机构、宣传动员培训阶段。各观察点把本阶段工作压缩到11月19日一天进行,在一天的时间内召开了动员会、村民代表会、培训会等会议,内容较为紧凑。二是选民登记阶段。根据远安县换届时间安排表,选民登记时间一共为五天,并要求各村在11月24号发布选民名单,但是由于L镇地处山区,村民居住分散,交通不便,且外出务工人员较多,选民登记的工作量和难度都是较大的;为了按时完成工作,各观察点的登记员和镇政府的负责人员超负荷工作,加班、熬夜,终于在规定时间内发布了选民名单,但是由于工作量大,部分村民联系困难,也存在着一定的缺漏情况,所以,在后期的其他阶段工作中,也进行了相应的补登工作。

另一方面,部分程序操作把控不到位。观察点在换届选举工作中的程序基本完整,但是也存在着忽视部分程序操作细节的情况,这主要表现在选举竞争环节和选举大会当中。在选举竞争环节,村民委员会候选人应该为了争取村民的信任而充分利用《湖北省村民委员会选举工作指南》规定的竞争演讲及其他形式,进行自我宣传、自我表现、主动承诺和相互竞争。根据观察,观察点较为忽视此环节的工作,只是通过在村公告栏张贴候选人相关文字材料的形式来向村民介绍候选人,介绍效果十分有限。在大会选举环节,《湖北省村民委员会选举工作指南》中对选举大会的各个环节特别是投票环节有较为明确具体的规定。如根据《湖北省村民委员会选举工作指南》第七章规定,在选民投票后"应将各票箱的选票混在一起,再清点票箱收回的总选票数"。同时,在公开计票环节,"唱票员应高声读出每张选票被选人姓名"。但根据对选举大会现场观察,在集中票箱,清点检验选票环节,观察点采取的是分票箱统计,然后汇总各个票箱得票结果的方式;在公开计票环节,也并没有高声读出被选人姓名,只是分票箱由相关计票员在纸上统计出本组得票情况,汇总后再把最终得票情况写到大黑板之上。

二、委托代投实践操作及其后续工作较难

委托投票是保障无法到现场投票选民民主权利的重要方式,也是实现"两个过半"和保障选举合法性的有效举措。当前农村外出务工人员增多,

委托代投成为不容忽视的重要投票方式。根据《湖北省村民委员会选举办法》第25条规定,选民因故不能参加选举的可以委托其他选民代为投票,此称为委托代投。其本意是为了让那些选举期间不在家乡的村民也能够参加选举,保障他们的民主权利,选出自己中意的“当家人”。但是,在对L镇委托代投工作实际操作的观察中发现,委托代投工作本身难开展,并且其直接影响到后续提名候选人甚至选举大会的有序进行,因此,其往往成为换届选举工作人员的一块“心病”。

一方面,根据规定,每位村民接受委托不能超过2人,而根据农村实际情况,大部分委托人往往出于血缘和熟人关系选择相应的被委托人,这一规定一定程度上限制了村民的选择,甚至受到了一些村民的不理解。有时候,换届选举工作人员还要在委托人和被委托人之间协调沟通,促使每一位村民都能找到放心的代投人,而这增加了委托代投的难度和换届工作的工作量,一些村民也出于担忧和对换届工作的不重视甚至会放弃选举权利,选择“不投了,太麻烦”。同时,根据规定,委托代投名单要在选举日五日前发布,并且向村民发放委托代投证,在名单发布后,村民也会由于自身原因而改变自己的相关意愿和行动,进一步增加了委托代投难度。

另一方面,按照《湖北省村民委员会选举办法》的规定,“村民委员会成员候选人,应当由过半数登记参加选举的村民直接提名”,这一规定出于保障广大选民的权利,希望群策群力,提名出广大选民认同的候选人。但是,L镇的部分山村常年外出务工人员、空挂户人员较多,在前期登记选民工作中,取得联系的常年外出务工人员均申请委托代投,其中部分村登记委托代投人数达到实际登记选民人数的一半左右。大量的委托代投人员多在推选村民委员会候选人当天无法到场,而提名候选人的相关规定中,并没有明确可以进行委托代投,使得在此环节中保障登记选民的参与率过半存在较大困难。

三、“乏人”问题破解成效不明显

为了全面实施乡村振兴计划,推进乡村高质量发展,远安县在全县实施了“百村后备”行动,一定程度上提高了村两委班子的整体素质,“乏人”问题得到一定程度的破解。但是,由于大部分青壮年更愿意走出村庄,在外谋求发展，村委会干部的后备力量建设缺乏基础；同时，在换届选举中当选的村委会成员较大比重是“老班子”，乡村政治精英的流动性较差，一些有意愿参选村委会的乡村精英很难在上级党委面前取得同“老班子”成员一样的政治信任，较难通过组织的审核考察，成为组织考察的一员；再加上待遇保障吸引力不强、地理位置偏远等原因，村两委班子的整体素质没有通过这次选举得到比较明显的提升。

经过本次换届选举，L镇村(社区)新一届“两委”班子成员中的学历主要集中在初中、高中、中专、大专四个层次。现将L镇新一届村(社区)“两委”班子基本学历及年龄情况和观察点新一届村“两委”班子成员情况以表格形式呈现。

表6-4　L镇新一届村(社区)两委成员情况表

平均年龄	初中学历	中专学历	高中学历	大专学历
41岁	20人	13人	26人	11人
人数比例	28.6%	18.6%	37%	15.7%

表6-5　观察点村“两委”成员年龄、学历情况表

单位	班子人数	平均年龄	初中	中专	高中	大专
J村	4人	42岁	1人	0人	0人	3人
P村	4人	39岁	0人	0人	4人	0人
T村	4人	45岁	0人	0人	3人	1人

根据表6-4、表6-5所示的L镇新一届村(居)“两委”成员情况和观察点“两委”成员情况显示，L镇村(社区)“两委”成员中大部分为初中、中专、高中学历，大专以上学历仅占15.7%，且据了解，拥有大专学历的成员中大多数为成人大专学历。由于该镇外出务工者，以青壮年占绝大部分，特别是以男性居多，留守人员往往文化程度较低，年龄偏大，进一步限制和缩小了村“两委”人选的范围，后备干部的人才素质有待进一步提高，这加大了进行“百村后备”计划培养储备干部工作的困难。

较上一届班子情况而言，L镇新一届村(社区)“两委”班子虽进一步年轻化和知识化，但是根据实际选举结果，班子整体素质水平、战斗力和凝聚力还有待提升,“乏人”问题有待继续破解。

四、村民参与换届选举的知识技能缺乏

村民参与换届选举是需要一定的知识技能作为基础。村民既要知道参与换届选举的目的、效果、意义,也应当了解参与选举的渠道、方式方法。在观察点的换届选举中发现,部分村民参与的知识技能缺乏,并对相关政策和法律法规产生理解上的偏差,一定程度上导致换届选举工作的不通畅。

根据《湖北省村民委员会选举办法》《湖北省村民委员会选举工作指南》的相关规定,对具有选民资格村民的年龄、政治、属地、健康条件都做出了明确规定,但是一些村民对于此并不了解,当工作人员根据条件没有登记部分村民时,引起了村民的不满,在此过程中,工作人员做了大量的解释工作。同时,在提名候选人阶段,《湖北省村民委员会选举工作指南》明确要求“无论采取哪种会议方式,只能以本村或本组过半数登记参加选举的村民参加的形式召开”,而很多村民认为只需要参加最后的选举大会,提名会议一家去一个代表就可以了,由此导致一些小组的提名会议并不顺利,需要工作人员联系相关选民,讲清规则,使其参与提名候选人会议,确保提名会议的人数要求达标。诸如以上情况也表现在其他环节的工作中,这些问题给换届工作的正常推进增加了难度和成本。

第五节　对换届选举观察点的思考与发现

在观察点的换届选举工作过程中,当地党委政府在遵循相关法律法规的基础上,结合地方实际,通过一系列措施有效推动了换届选举工作,同时,在一些环节中也涌现出了部分问题,以及令人欣喜的新情况。本部分将结合观察点换届选举工作的主要做法、突出问题、新情况提出相关思考与建议。

一、加强党的领导,保障换届选举稳步推进

远安县在整个村(居)“两委”换届选举中,在坚持党的领导基础上以高位推进、多方联动机制推动整个换届选举工作平稳、高效的完成。可见,在换届选举的实际工作中,必须要对其高度重视,加强党对换届选举工作的

领导。

首先，要加强党委组织部门对村（居）民委员会换届选举工作的领导。在一些地方，当地党委政府过度强调把村（社区）党组织换届选举和村（居）民委员会换届选举区分开来，没有正确认识二者协调推进的重要意义，因此，往往是组织部门管党支部换届，民政部门管村（居）委会换届，这不仅不利于各项工作的对接协调，也分散了工作力量。所以，应该加强党委组织部门对整个村（社区）“两委”换届选举工作的领导，以组织部门特有的优势，总揽协调各个部门，形成合力效应。其次，要加强乡镇对村（居）民委员会换届选举工作的领导。乡镇党委政府对村委会换届选举工作的领导不是干预型的，而是指导型，要以技术指导保障广大选民行使好选举权利。再次，要加强村（社区）党组织对村（居）民委员会换届选举工作的领导。在选出村（社区）党组织之后，应积极投入村（居）委会换届选举当中，以推动换届工作平稳进行，建立科学合理的协调运行机制。最后，要充分发挥党员在村（社区）换届选举工作中的作用。党员应积极投入到换届选举工作当中，要处处发挥模范带头作用，引导广大村民有序参与选举；同时党员要坚持关于换届选举的法律法规并积极推动组织意图的贯彻执行。

二、遵循相关法规意见，换届选举程序规范

村（居）民委员会换届选举是有法可依的，《中华人民共和国村民委员会组织法》《中华人民共和国居民委员会组织法》《湖北省村民委员会选举办法》《湖北省居民委员会选举办法》是各级党委政府领导广大村（居）民参与换届选举的根本法律遵循，同时，在此基础之上，《湖北省村民委员会选举工作指南》《湖北省居民委员会选举工作指南》以及湖北省民政厅印发的《关于做好全省村和社区“两委”换届工作的指导意见》则是做好本次换届选举的基本程序和相关意见遵循。远安县也是在遵循相关法律法规、政策意见、要求指南的基础上，全面推进换届选举工作，但根据观察，各级负责和参与换届选举工作的人员应该进一步吃透相关法律、政策意见、程序规范，特别是要注意把控相关细节。

一方面，要全面学习掌握相关法律法规、政策意见、要求指南。参与换届选举的各类工作人员，都要吃透相关规定，做到心中有数，手上不慌。在

正式工作开展前,建议邀请熟悉和精通关于换届选举规定的专家学者集中授课,指导解读,弄通弄懂相关规定。

另一方面,要建立动态调整机制。在各个环节开展之前和开展之中,都要注意各项细节的操作和程序规范,各村(社区)之间,村(社区)同乡镇换届指导组之间,应建立起立体动态联系渠道,对于特别需要注意的操作要求,要及时沟通和联系,方便调整操作,从而全面推进换届选举程序化、规范化,推动工作落实落细。

三、以培育人才为突破口,破解村两委“乏人”问题

干部是党的路线、方针、政策顺利实行的决定因素。一套优秀的村“两委”班子是推动脱贫攻坚、乡村振兴、事业发展的关键,要想村庄健康稳定发展,必须有一支强有力的村“两委”队伍,因此,应积极探索新型“选人”“育人”“管人”机制,促进村级组织的干部队伍提档增质。

首先,要拓宽选人渠道。在换届选举中,要把利用多种途径挖掘选拔人才和主动创造条件吸引人才相结合,让真心实意想带领村民致富,全心全意为群众服务,具有较强政治意识的农村优秀人才进入村委班子。第一要“挑”,挑出优秀党员;第二要“选”,从返乡大学生、致富能手、退役返乡军人中选优;第三要“请”,要把那些外出经商的能人请回来;第四要“留”,想方设法把现有干部中的优秀人员留住。只有经过“挑”“选”“留”“请”四大方式,才能更好推动农村优秀人才助力家乡建设。

其次,要优化育人平台。“育人”机制关键是要把握好后备干部的培养,加强村级后备干部队伍建设。第一,应着眼村级组织的长远建设,推动后备干部设置常态化。建议原则上各村配备 2 名后备干部,并积极把有能力、有激情、讲政治的青年选入后备队伍。第二,要把教育和实践相结合,切实提高后备干部能力。应注意理论与实践相结合,针对农村工作的实际情况,通过法定途径让后备干部进入相关村级组织,提高工作能力,如本轮换届选举中,远安县共有 94 名后备干部进入“两委”班子队伍。

最后,要建立管人纽带。“管人”是要主动掌握后备干部以及致富能手、外出打工的优秀经商人员、复员转业军人、大中专毕业生及返乡大学生的动态情况。第一,要以档案制度管人。完善档案制度,对于后备干部和优

秀人才都要登记造册。第二,要以联系与培养机制管人。对于后备干部的培养,要加强领导,落实细则,及时掌握后备干部思想动态和工作表现;对于优秀人才,要强化联系,掌握动态,不断鼓励其参选村“两委”,为家乡做贡献。第三,要以动态机制管人。应坚持动态考核,形成各级部门、村民代表、党员、村委会动态评定机制,及时发现、锻炼优秀人才。

四、以培养政治素质为抓手,提升村民参与换届选举的能力

提升村民参与换届选举的能力,就必须要以培养村民的民主政治素质为长期战略抓手,营造村民自治的民主氛围,培育村民自治的民主习惯,在村民的大脑中形成热爱自治的民主价值观念和懂得自治的民主规则观念。

一方面,要提高村民的政治文化素质,增强其参与换届选举的意识。当村民的政治文化素质提升,意识到政治生活是作为自己生活领域中的重要一部分,认为参与换届选举是十分重要的事情时,村民便会主动参与。实事求是地讲,农民更加关注的是物质经济利益,政治活动对于其个人的全面影响,他们往往容易忽视,大多数村民更不会主动地去参与诸如换届选举之类的政治活动,所以在这一层面讲,此类素质更多通过外在的灌输加以提升。因此,建议各级党委政府特别是相关部门要特别重视农村的文化教育工作,并给予必要的政策倾斜。同时,要善于运用多种方式,特别是利用新型媒体的平台优势,新老结合,对广大村民进行相应的政治文化教育,使广大村民以积极的态度来对待村委会换届选举,以达到村民主动参与的目的。

另一方面,要提高村民的政治参与素质,增强其参与换届选举的能力。在一定程度上讲,村委会选举能否高效有序甚至能否成功,与村民的参与能力高低直接相关,所以,必须要切实提高村民参与换届选举工作的能力。其中最关键的就是要把关于换届工作的指导意见、村委会换届选举工作指南的相关要求以及参与办法内化给村民,只有村民真正理解相关要求并了解相关操作,才能有序参与;同时,要注意相关法律、政策、意见的宣传方法,村民不是干部,要以更加接地气和通俗易懂的方式向村民进行宣传教育,以达到村民能参与、会参与的目的。

五、以完善制度为切入点,提高换届选举的可操作性

完善村民选举委员会与监督委员会相关制度。选好选举委员会和监督

委员会成员,对于换届选举工作全过程具有十分关键的意义,对此,建议完善推选其成员的相关制度规定。根据观察情况,建议改进推选方式。在观察点,三个村均采用村民代表会议推选产生选举委员会和监督委员会的方式,采用这种方式容易造成一种情况,即选举委员会和监督委员会的成员多为村民代表本人,这就形成了一种类似于自己选自己的局面。所以,建议进一步改进推选方式,甚至取消由村民代表推选的方式,由村民代表会议或者小组会议直接推选。

完善提名候选人制。村委会换届选举制度最终目的是要选出一个既符合组织意图又让群众满意的村委会班子,而确定候选人则是其中关键一步。根据实际观察情况,建议完善提名候选人制度。从长期来看,要变单向提名为双轨提名,完善由选民提名候选人的方式,把由选民提名的方式转变为由选民提名和候选人自主报名相结合的方式,增加选举竞争性,让更多想干事的人主动“浮出水面”;同时,在实行自主报名条件之下,完善“过半数选民参加”提名候选人才能有效的规定。一方面要完善候选人的审查标准,坚持德才兼备和抓大放小原则,真正把有才有德人选出来,把想为民干事的人选出来,更要注意不能以偏概全,因小失大,要不拘一格降人才;另一方面,改进和细化提名候选人的操作规则,根据农村实际情况,要完善过半数选民提名的规定,破解半数难题,建议可以把选民中的委托代投者区分出来,如采用非现场投票的方式便利提名。

完善委托代投制。根据实际观察情况,建议完善关于委托代投的相关规定。其一,对于每位村民最多只能接受两人委托代投,可根据实际情况进行调整,便利操作流程;其二,利用现代信息技术改进委托代投方式,委托代投一般是由被委托人直接代为填写选票,而委托人多为外出务工者,其一般懂得智能手机及常规的沟通软件操作,建议可以利用现代信息设备由委托人直接网络填写,再由被委托人或者选举委员会和监督委员会成员代为转写;其三,扩展委托代投的应用领域,除选举大会以外,提名候选人也需要选民参加,同样也有过半数选民的要求,因此,建议把委托代投引入提名候选人环节当中,保障此环节正常开展。

完善选举监管与处罚机制。村委会换届选举过程只有公开透明,让村民看得见,让村民主动监督,才能实现农村基层选举的真正民主化。其一,建议优化观察员制度，特别是在村一级，可以对关心和重视换届选举工作的村民进行“邀请”或实行自愿报名，使其成为村级观察员，监督换届工作。其二，加大对违反选举程序和破坏选举行为的惩处力度，在换届选举中，一些人怀揣个人目的，以选举作为“发声”“要价”的“有利时机”，撒泼打滚，扰乱正常秩序；还有一些人无视换届纪律，拉票贿选，进行其他非正常活动，对于此类人的行为要进行界定并且明确相应的处罚措施，真正在实践中起到警示作用，有效治理违法违规行为。

第七章　黄冈市麻城市换届选举试点：业委会的同步换届

根据《湖北省村民委员会选举办法》和《湖北省居民委员会选举办法》关于在村(居)民委员会选举中“建立选举观察员制度”的规定,由省民政厅安排部署,选取黄冈市麻城市作为观察点之一,选派观察员驻村(社区)观察,以X社区为中心,辐射周边的H社区和G村。由于麻城市选取X社区和G村作为换届选举试点,两地选举工作进程较其他村(社区)提前一个月。针对X社区和G村的实际情况,观察小组以搜集、查阅前期工作的会议记录、文件公告以及对部分村(社区)干部进行访谈等为主要手段,同时通过随机走访村(居)民,了解前期换届选举工作的实际效果。H社区居委会的换届选举工作在2018年11月中旬开始,观察小组在11月27日参加完X社区的选举大会后,观察重心转移到H社区,对该社区换届选举的每一环节全程参与。观察小组跟随H社区工作人员,参与入户登记选民、召开小组会议推选居民代表、召开新一届居民代表大会、推选候选人等环节,了解候选人实际情况和居民意愿。观察小组通过此次观察,从整体上掌握了观察点各村(社区)的基本情况、选举过程和选举结果。观察点各村(社区)的换届选举工作基本符合程序,选举期间社会秩序较为稳定,选举结果符合要求,并且观察点的社区在此次居委会换届选举中,根据其实际情况有一定的创新之处。以H社区居委会换届选举为例,该社区借助推选居民代表发掘新建小区的骨干成员,为成立业主委员会打下基础,也为其他地区解决类似问题提供相应经验,有一定借鉴意义。

第一节　观察点各村(社区)的基本情况

一、观察点各地的基本情况

麻城市将X社区和G村定为换届选举试点,10月30日为村(社区)党支部委员会换届选举日,11月27日为村(居)民委员会换届选举日。其他村(社区)在11月20日前完成党组织换届选举工作,在12月20日前完成村(居)民委员会换届选举工作,12月10日定为全市村(居)民委员会换届选举日。

麻城市X社区位于城区北部,是2005年合并组建的村居并存的新型社区。社区版图面积3.6平方公里,辖区15个居民小组,总户数6066户,总人口23068人,设12个网格管理区。社区党总支下设3个支部,8个党小组,共有156名党员。辖区内有62个市直行政(一二级单位)、工业企业、事业单位。社区交通便利,区位优势得天独厚,106国道自此进入市区,与各条市级主干道交织在一起,形成了一张交通网络,纵横全社区。

H社区位于麻城市L街道西部,由两个行政村于1999年合并,并在2011年7月转型成立社区,实行"村社合一"的运行管理模式。全社区总面积5.8平方公里。现下辖8个网格区,15个村民小组,5个居民小区,有居民2915户,9328人。2018年社区集体经济收入68万元。村民人均可支配收入12200元。H社区地处城郊,历史遗留问题较多,2012年到2015年期间,社区党支部处于瘫痪状态。

G村位于麻城市东部,2015年底全市村庄行政区划调整,由6个行政村合并而成。由于G村六村合一,情况复杂,职数消化困难,极具典型性,被市委定为换届选举试点村。全村有34个自然塆,7个村民小组,398户,1550人。其中党员53人,村民代表29人。精准扶贫户80户234人,其中五保户3户,3人,低保贫困户23户,49人,一般贫困户54,182人。原G村属重点贫困村,于2017年12月31日已整村脱贫出列。全村面积13.15平方公里,总耕地面积1023亩。

表 7-1　观察点各地基本情况

	X 社区	H 社区	G 村
村(居)民人数(人)	23068	9328	1550
常住人口数(人)	20000	9000	1200
总户数(户)	6066	2915	398
党员人数(人)	156	106	53
村(居)民小组数(人)	15	15	7
现任两委人数(人)	6	5	7

二、换届选举的工作安排

在换届选举工作中，麻城市从工作机构、选举方案、加强学习等各方面保障选举工作的顺利进行。总体而言，取得了较为不错的成效。

（一）强化组织，扎实选举基础

加强领导，县级成立换届工作领导小组。为确保换届选举工作顺利进行，麻城市成立麻城市村（社区）“两委”换届工作领导小组及办公室，市委书记任组长，负责对村（社区）“两委”换届选举工作统一协调，组织实施。市委组织部牵头抓总、统筹协调，民政部门依法指导监督村（居）民委员会换届，纪委监委、宣传、政法、信访、共青团、妇联、农业、审计等部门各司其职，密切配合。为加强全市村（社区）“两委”换届选举工作的指导和督促检查，麻城市委成立全市村（社区）“两委”换届选举工作督导（考察）组，负责对各乡镇换届选举工作进行检查督办。

明确监督，乡镇成立换届工作指导小组。各乡镇成立村（社区）换届工作指导组，逐村逐社区选派换届工作指导员，加强分析研判，精准施策，具体指导。L 街道党委成立换届领导小组及办公室、指导组，指导 X 社区和 H 社区“两委”制定换届方案。L 街道成立了村“两委”换届工作领导小组，党委书记为组长，切实加强党的领导。实行党委成员包片负责制，开展工作督导指导，国家干部包保责任制，深入各村督促指导换届工作，严格规范换届选举流程，确保换届选举工作在党组织的领导下依法依规有序地进行。

深入基层,驻村指导工作专班全程把关。麻城市各村(社区)成立不少于3人的驻村指导工作专班,全程指导把关村“两委”换届。L街道成立G村“两委”换届选举试点工作专班,由管理处党委书记担任组长。在各级干部的深入指导下,各村(社区)干部加强学习“两委”换届方案、具体日程安排。各村(社区)书记统筹把握,有序推进换届工作。总体来看,X社区、H社区和G村的选举工作都是在党支部书记的统筹指导下进行的。H社区在正式候选人产生之前,选举委员会的主任由村书记担任,负责主持居委会选举的各项日常工作。X社区和G村的选委会主任虽不是由书记担任,但书记在选举工作中掌控大局,确保换届选举的顺利进行。

(二)提前谋划,落实准备工作

勤于考察,掌握实际情况。L街道党委统筹谋划换届工作,党委书记带头对村(社区)两委班子建设进行调研,摸清两委干部队伍现状,对各村后备干部、返乡人士、退伍军人开展了摸底调查,根据各村(社区)干部的年龄学历结构,进行初步研判,多渠道消化超职数干部,做好换届选举前期准备工作。同时,各驻点干部密切联系群众,摸清各村(社区)基本情况,结合软弱涣散村(社区)党组织整顿建设,重点摸准吃透难点村、重点村、后进村的情况,认真排查分析可能出现非法组织活动干扰及其他可能影响换届选举的问题和隐患。

周密部署,明确时间节点。根据上级党委工作安排,各乡镇认真研究谋划,及时部署启动换届选举工作,结合实际情况,分别制定村(社区)党组织换届选举工作方案并报市委组织部审核批准。G村制定了《2018年G村“两委”班子换届选举试点日程安排明细表》,将换届选举工作细化、条目化,责任到人,时间到天,确保换届选举工作顺利有序推进。X社区和H社区也分别制定了社区“两委”换届选举方案,明确换届工作的各环节、各步骤的时间内容。

表7-2 X社区居委会换届选举工作安排

第一阶段 宣传动员 工作准备	10月9日至 10月18日	完成“四先四后”准备工作
		制定“两委”换届方案
		做好宣传发动
		开展动员培训

续表

第二阶段 居委会换届 选举阶段	10月25日至 11月27日	召开居民代表会议推选选委会和监委会并召开第一次会议，发布一、二号公告（10月12日）
		召开选举委员会第二次会议，讨论通过选举日、投票地点并发布第三号公告（10月26日）
		安排选民登记相关事宜并发布第四号公告（10月30日）
		组织参加选举的居民登记，发布第五号公告（11月1日至11月5日）
		召开选委会会议，发布第六号公告（11月9日）
		推选居民代表，发布第七号公告（11月9日至11月12日）
		确定职数、候选人条件及产生方式，发布第八、九号公告（11月13日）
		提名并产生正式候选人，发布第十号公告（11月12日至11月19日）
		投票准备（11月20日至11月26日）
		选举大会（11月27日）
第三阶段 工作移交	11月28日至 11月30日	工作移交
		健全组织
		总结归档

加强学习，提高思想认识。麻城市对各村（社区）“两委”换届选举工作业务骨干进行重点培训。市级重点培训麻城市村（社区）“两委”换届选举工作领导小组及工作机构人员，驻乡镇、村工作指导组、督查组人员，乡镇党委负责同志、组织委员，村（社区）党组织书记等；乡镇重点培训乡镇党委村（社区）“两委”换届选举工作领导小组及工作机构人员，驻村（社区）工作指导组、督查组人员；村（社区）重点培训村（社区）党组织领导班子成员和村（居）委会筹备换届选举工作人员等。通过定期开展业务骨干培训，重点学习有关文件、法律法规，准确把握政策，提高依法组织指导换届选举的能力。

（三）严格纪律，坚持依法选举

社会秩序稳定，为选举创造良好环境。在选举过程中，各地均未出现较大的纠纷,社会秩序较稳定,选举期间无严重的上访问题,为换届选举创造了良好的外部环境。各地在换届选举前期准备和动员部署阶段,注意强调换届纪律,营造浓厚氛围。充分利用宣传标语、横幅、微信等方式深入广泛宣传"十个严禁""十个不准""四个一律"等换届选举纪律。三个观察点均在人口聚集处张贴了《关于依法严厉打击黑恶势力违法犯罪的通告》和《致广大党员群众的一封信》,营造换届选举的良好氛围。

严格依照程序,依法推进选举工作。一是依照计划推进。X 社区、H 社区、G 村都根据本地实际制定了换届选举实施方案,并严格按照规定执行各村(社区)职数。各地严格实施换届选举的各个关键环节,不漏掉一个程序。二是按时发布公告,各地严格依照《中华人民共和国城市居民委员会组织法》和《湖北省居民委员会选举办法》,按选举计划及时发布一至十二号公告。三是及时召开会议。在选举期间,无论是选委会、监委会会议,还是各村(居)民小组会议,各地均按照要求召开,并及时传达指导思想。

(四)发扬民主,调动群众参与

选用地方骨干成员。各地在换届工作中大力发掘骨干成员。选举委员会和监督委员会成员大多任用退任的"两委"干部、知识分子、党员、较为活跃的小组长等人,成员自身素质较高,责任感强,积极配合选举工作。同时,各村(社区)书记经常召开换届选举学习会议,宣传讲解换届选举的重要性,提高选委会、监委会成员的思想觉悟,为换届选举的顺利开展提供思想保障。

调动代表参与热情。各地村(居)民积极配合选举工作。村(居)民小组长和村(居)民代表是换届选举的中坚力量,他们在选举中积极配合选委会和监委会的工作。一方面,小组长积极联系选委会、监委会和村(居)民代表,做好二者的沟通衔接工作,将上级的工作安排传达给村(居)民代表。另一方面,村(居)民代表成为各村(社区)与群众沟通的桥梁,各村(居)民代表负责本区域内的群众,积极动员广大群众参与选举,尤其是在前期的选民登记和推选新一届村(居)民代表中,村(居)民代表发挥了重要作用。

第二节　换届选举工作的基本情况

L 街道根据麻城市下发的换届选举工作安排,对观察点的换届工作进行了详细部署。

一、基本过程及方法

1. 成立工作机构,开展宣传动员

麻城市 X 社区、H 社区和 G 村分别于 10 月 12 日、11 月 16 日、10 月 15 日召开村(居)民代表大会,成立选举委员会和监督委员会。成立工作机构环节主要分为前期动员、成立工作机构和分工部署三个环节。

第一,召开动员会。动员会由“两委”成员及部分党员代表参加,会上社区党支部书记宣读了《麻城市换届选举方案》,明确了选举委员会和监督委员会的名额、要求及成立方式,初步提名了选举委员会和监督委员会的人选。X 社区于 10 月 10 日晚由社区书记主持召开换届选举动员会议,H 社区于 11 月 16 日下午召开动员会。

G 村在 2016 年由 6 个行政村合并而成,因此,开展换届工作面临诸多困难。面对这一复杂情况,街道和村干部积极克服困难,为换届工作打下良好基础。一是加强联系,解决矛盾。在新 G 村成立后,村书记加强了对新合并区域的调查走访,深入基层掌握各小组村民实际生活困难,及时化解村民纠纷,为换届选举提供了和谐氛围。二是提前规划,制定方案。在街道、村(社区)“两委”换届工作领导小组的指导下,G 村提前制定了《2018 年 G 村“两委”班子换届选举试点日程安排明细表》。针对六村合一的村情,G 村与领导小组及时沟通,提前部署,为换届选举做足准备工作。三是加强宣传,提高认同感。由于 G 村各小组居住较为分散,村民对新 G 村的认同感不足,参与意识较弱。为确保换届工作顺利进行,G 村借助横幅、标语加大换届选举的宣传力度,同时各村民小组长和村民代表在登记选民环节,入户宣传换届选举的重要性,提高村民的重视程度。

第二,召开村(居)民代表大会。观察点的村(居)民代表大会分别由各村(社区)党支部书记主持召开,代表到场率达到 80%。会议首先由书记强调选举工作机构的名额、产生原则及选举标准。其次明确本次成立选举委员会和监督委员会的方式,其中 X 社区采取无记名投票的方式由居民代表选出选委会和监委会成员,而 H 社区和 G 村采取举手表决的方式,由书记提名选委会和监委会人选,要求同意的举手,全部举手;要求不同意的举手,无人举手。最后由书记宣布当选人员名单。最终,X 社区产生 7 名选委会成员和 5 名监委会成员,H 社区产生 9 名选委会成员和 3 名监委会成员,G 村选委会和监委会成员各 5 名。

第三,召开选举委员会和监督委员会第一次会议。观察点各地成立选委会和监委会后,随即召开选委会和监委会第一次会议。首先以举手表决的形式推选出选委会主任和监委会主任,随后发布第一号和第二号公告宣布选举结果。其中,H 社区由社区书记担任选委会主任,并设有副主任一职,以便在书记当选为正式候选人时退出选委会;X 社区和 G 村的选委会主任均由往届干部担任。其次由选委会主任宣布本届村(居)委会换届选举工作的整体安排,明确选举工作的原则和纪律。最后讨论通过选民登记的方法,由选委会主任安排登记选民的工作人员,分配各项任务,并发布第三号和第四号公告,发布选民登记相关事宜。

2. 选民登记

X 社区、H 社区和 G 村分别于 11 月 1 日至 11 月 5 日、11 月 16 日至 11 月 21 日、10 月 19 日至 11 月 7 日进行选民登记工作。

第一,召开全市村(社区)“两委”人事安排方案汇报会。10 月 29 日上午,麻城市召开全市村(社区)“两委”人事安排方案汇报会,会议由市委书记、市村(社区)“两委”换届领导小组组长主持,逐乡镇逐村(社区)听取“两委”人事安排汇报。针对部分合并村职数消化难度大、少数村(社区)书记难选、重点村干部年龄偏大等重难点问题,书记进行现场剖析。同时,市纪委监委、市委组织部就换届选举程序问题进行现场解答,为登记选民工作的顺利开展指明方向。会后,观察点各地分别召开换届工作培训会,再次强调换届选举的纪律要求,对下一步的选民登记工作进行培训指导。

第二,以小组为单位登记选民。X 社区以居民小组为单位设立 15 个登记站,由居民携带身份证或者户口簿主动到本单位登记站登记,不在本社区居住的居民,须在 11 月 4 日前,向居民选举委员会表示是否参加本届居民委员会换届选举,逾期未作出答复的,将不列入参加选举的居民名单,视为放弃选举权。选民登记工作主要由各居民小组长负责。H 社区采取设立登记站和入户登记相结合的方式进行选民登记工作,以居民小组为单位设立 17 个登记站,并在居住较分散的小组以及新开发小区进行入户登记,对于外出人员通过电话、微信等渠道确认是否参加选举。由于H社区最终采用间接选举的方式推选居委会，因此在登记选民时各户选出一名户代表，一并发布名单。G村采取设立登记站与入户登记相结合的方式登记选民，以村民小组为单位共设立7个登记站，对于居住分散的边缘地区由村民小组长和村民代表入户登记。最终，X社区共登记选民9793人，H社区共登记选民6267人，G村登记选民1136人，三地分别发布第五号公告，发布各组选民登记情况，公告张贴在村（居）务公开栏和各小组主要路口。

第三，发布登记选民情况，及时修改漏登、错登等问题。观察点各地均在公告中指明，对登记选民名单有异议的，自名单发布之日起五日内可向村（居）民选举委员会申诉。H社区于11月20日发布第五号公告后，存在部分户代表漏登问题，并于11月25日重新发布第五号公告。

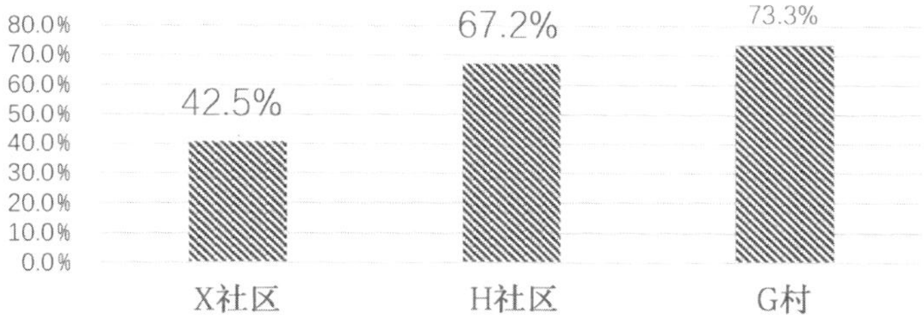

图7-1　观察点各地登记选民人数占总人数的比例

3. 推选村（居）民代表和驻社区单位代表

推选村（居）民代表是村（居）委会换届选举工作的重要环节之一，尤其对于采用间接选举的社区而言，推选居民代表对于选举工作的成功与否至关重要。推选村（居）民代表主要分为召开选委会会议、召开小组会议推选村（居）民代表、资格审查和推选驻社区单位代表四个步骤。X社区、H社区和G村分别于11月9日至11月12日、11月25日至11月28日、11月10日至11月11日推选出村（居）民代表。

第一，召开选举委员会会议。选民登记结束后，观察点各地分别召开选举委员会第三次会议，讨论通过村（居）民代表名额、条件及产生办法，并分别于11月9日、11月25日和11月10日发布第六号公告。

第二，召开小组会议，推选村（居）民代表。观察点各地均以小组为单位推选村（居）民代表，根据小组规模确定各组代表名额。X社区以小组为单位召开户代表会议，主要由居民小组长和上一届居民代表负责，组织户代表参加会议，通过举手表决的形式推选出各组居民代表。H 社区共有 15 个居民小组，在推选居民代表环节，换届选举工作人员分为三组，每组包括 3 名选举委员会成员、1 名监督委员会成员和 1 名党支部成员，各工作小组负责 5 个居民小组的代表推选工作。根据小组规模，各组推选 2 至 3 名居民代表，采取无记名投票的方式，由户代表推选出居民代表。为保证新一届居民代表中女性占 1/3 以上，工作人员建议户代表推选人员中包含 1 名女性。同时，为保证到场户代表超过 2/3，H 社区结合居民生活作息，将多数会议集中到晚上或周末召开。G 村属于合并村，村民居住较为分散，选委会考虑到实际情况，决定以自然垮为单位召开户代表会议，推选村民代表。各垮组织户代表填写《第十届村民委员会群众代表民主推荐表》，每位户代表推选 1 名村民代表，为保证村民代表具有较强的代表性，推选的村民代表最好为原本村村民。最后按照少数服从多数的原则各垮推选出 1 名村民代表。

第三，审查民主推选的代表。观察点各地通过民主推选产生的初步村（居）民代表人选，要接受资格审查，查明有无违法违纪行为，在审核通过后，按照得票多少当选为村（居）民代表。最终，X 社区新一届居民代表 75 人，H 社区新一届居民代表 46 人，G 村新一届村民代表 29 人。其中，X 社区和 H 社区的“两委”干部基本均当选为居民代表。

第四，推选驻社区单位代表。X 社区和 H 社区根据居民代表会议通过的方案，居民选举委员会出具函件，与有关单位（组织）衔接沟通，请其推选一名驻社区单位代表。最终，X 社区和 H 社区分别产生 5 名驻社区单位代表。观察点各地对代表登记造册、发放代表证、发布第七号公告发布代表名单，并报 L 街道办事处备案。

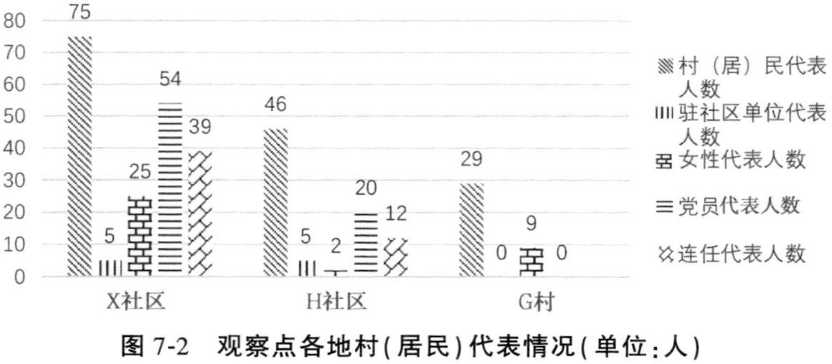

图 7-2　观察点各地村（居民）代表情况（单位：人）

4. 提名候选人

观察点各地提名候选人主要包括召开新一届村(居)民代表会议、提名候选人和召开会议确定正式候选人。X 社区、H 社区和 G 村分别于 11 月 12 日至 11 月 19 日、12 月 1 日至 12 月 5 日、11 月 13 日至 11 月 15 日提名确定候选人。

第一,召开新一届村(居)民代表会议。X 社区、H 社区和 G 村分别于 11 月 13 日、11 月 30 日和 11 月 13 日召开新一届村(居)民代表大会。讨论通过新一届村(居)委会职数设置情况、任职资格条件和候选人产生方式,并于会议结束当天发布第八号和第九号公告。第二,提名、审核候选人。根据本村(社区)实际情况,观察点各地提名候选人的方式各不相同。

创新考核,筛选后备干部。X 社区有 10 个规模较大的居民小组。在推选候选人环节,各小组分配 1 个名额。首先,通过召开各小组居民代表会议,以十人以上联名的形式提名 1 名学历较高、素质较好的年轻人作为候选人人选。其次,经过提名的 10 位年轻人统一参加社区事务相关的笔试,考核其文化水平。最后,由选委会、监委会以及现任社区干部组成评委,对 10 位提名人选进行面试,择优选出其中 4 名作为正式提名候选人。11 月 19 日,X 社区召开居民代表大会,考核通过的 4 位人选作为居委会委员初步候选人接受居民代表的投票。最终,入选者被推选为正式候选人,筛选合格的候选人也作为社区的后备干部进行培养。

结合实际,多种方式相结合。H 社区采取个人报名、十人以上联名和单位提名相结合的方式提名居委会候选人。首先,社区现任干部和聘请的工作人员主要通过个人报名的方式参加竞选,每人只能申请 1 个职位;H 社区共有 15 个居民小组,由于普通居民主动报名人数稀少,因此各组由居民小组长、居民代表及小组骨干讨论决定初步候选人人选,以十人以上联名的方式各组提名各职位人选;同时发动辖区单位积极推荐候选人合适人选,通过单位提名的方式填写《H 社区居委会成员候选人组织(单位)提名表》。其次,选委会根据候选人提名情况,进行资格审查,确定居委会候选人初步名单,并制作候选人推选选票。最后,12 月 7 日上午,H 社区召开居民代表大会,通过无记名投票的方式,由居民代表按照居民委员会成员职位设置等额提名,投票结束后,由选委会和监委会成员统一唱、计票,按照提名得票情况从高到低依次确定正式候选人。

5. 召开选举大会

召开选举大会是换届选举最为重要的部分,也是检验前期工作好坏的标准。召开选举大会主要包括召开选举委员会会议、布置选举会场和召开选举大会。X 社区、H 社区采取间接选举的方式,由居民代表投票推选居委会成员,G 村采取直接选举的方式,由村民直接投票。

第一,召开选委会会议。观察点各地分别召开选举委员会会议,讨论确定选举大会的具体时间和地点,研究投票选举的各环节,并发布第十一号公告。同时,召开选委会和监委会会议,对选举工作进行具体分工,由选委会主任讲解唱票、计票规则,做好会前培训工作。

第二,X 社区、H 社区和 G 村分别于 11 月 27 日、12 月 17 日和 11 月 25 日召开选举大会。X 社区和 H 社区由居民代表投票进行间接选举,无委托投票。X 社区实际投票 77 票,H 社区实际投票 51 票。G 村由村民直接投票,其中委托投票 556 票,实际投票 402 票。观察点各地均未设置流动票箱。会议由选举委员会主任主持,均按照如下程序进行:(1)清点到会人数;(2)宣布大会开始,宣讲纪律规定;(3)奏国歌;(4)报告本次选举工作进展情况;(5)宣布通过选举工作人员;(6)检查并密封票箱;(7)启封、清点选票;(8)讲解选票;(9)验发选票;(10)秘密划票;(11)投票;(12)销毁剩余选票;(13)集中票箱,清点检验选票数;(14)检验选票;(15)公开计票;(16)当场发布结果;(17)宣布当选名单,颁发当选证书;(18)当选人表态发言;(19)领导发言。并于会议结束当天发布第十二号公告。

表 7-3　观察点各地投票情况

单位	选民人数(人)	代表人数(人)	实到人数(人)	发放票数(张)	委托投票数(张)	有效票数(张)
X 社区	9793	79	77	77	0	77
H 社区	6267	51	51	51	0	51
G 村	1136	29	402	958	556	862

二、基本结果以及观察工作的基本结论

此次换届选举，观察点各地的书记、主任“一肩挑”和委员交叉任职等均达到规定要求。

在群众满意度方面，群众对选举结果较为满意。各观察点的书记均为上一届连任，工作经验丰富。X社区书记为建筑业出身，具有灵活的商业头脑，2015年引进的X工业园提高了社区经济收入；H社区书记为军人出身，作风果断，自2015年上任以来，社区有较大改观；G村书记担任村委会主任已有18年，具有深厚的群众基础。

在书记、主任“一肩挑”方面，观察点各地均实现“一肩挑”。湖北省《关于做好全省村和社区“两委”换届工作的指导意见》指出，要确保以市（州）为单位，村（社区）党组织书记、村（居）民委员会主任“一肩挑”比例不低于95.0%。麻城市《关于做好2018年全市村（社区）“两委”换届选举工作的通知》中明确要求，严格实行村（社区）“两委”成员交叉任职和主职“一肩挑”，“一肩挑”比例不低于95.0%。本次麻城市L街道三个观察点的村（居）民委员会换届选举均实现书记主任“一肩挑”，且均为连任。同时，实现委员交叉任职，各地党委成员当选为村（居）委会成员的比例达到100%。

在成员结构方面，观察点各地当选的村（居）委会成员中，80后成员均不少于2人，且至少有一名女性。X社区新一届居委会成员8人，其中35岁以下成员2名，女性成员3名。H社区新一届居委会成员6人，其中38岁及以下成员2名，女性成员1名。G村新一届村委会成员中，2名为90后，当选的90后女同志此前在深圳已工作6年，为了家乡的发展建设，放弃了深圳优厚的待遇，主动回乡就业，奉献自己的青春；当选的一位同志年仅22岁，曾在新疆工作5年，此次也决心扎根家乡，为G村做贡献。G村换届工作的顺利完成及干部队伍的优化更新，离不开年轻干部较高的思想觉悟。

表7-4　X社区新一届居委会成员基本信息

	职位	年龄（岁）	性别	学历	继续提名	新提名	党组织成员
谈DN	主任	54	男	初中	√		是
熊KQ	副主任	49	男	高中	√		是

续表

	职位	年龄(岁)	性别	学历	继续提名	新提名	党组织成员
李 JZ	委员	48	男	初中	√		是
董 SG	委员	47	男	初中	√		是
李 XP	委员	41	女	大专	√		是
周 DX	委员	35	男	大专		√	否
朱 XL	委员	44	女	大专	√		是
李 J	委员	27	女	大专		√	否

表 7-5　H 社区新一届居委会成员基本信息

	职位	年龄(岁)	性别	学历	继续提名	新提名	党组织成员
李 CB	主任	55	男	本科	√		是
毛 JH	副主任	46	男	初中	√		是
胡 J	委员	38	男	大专		√	是
顾 YP	委员	58	女	初中	√		否
张 JY	委员	36	男	大专		√	是
毛 CW	委员	53	男	初中	√		否

表 7-6　G 村新一届村委会成员基本信息

	职位	年龄(岁)	性别	学历	继续提名	新提名	党组织成员
魏 RM	主任	51	男	大专	√		是
刘 XL	副主任	51	男	初中	√		是
佘 ZJ	委员	22	男	大专		√	是
花 X	委员	28	女	大专		√	否

此次换届选举中,麻城市的三个观察点在选举期间社会秩序较稳定,均未发生打架斗殴等事件。从总体上看,观察点各地均按照《中华人民共和国城市居民委员会组织法》和《中华人民共和国村民委员会组织法》实施换届选举工作,成立工作机构、登记选民、推选村(居)民代表、提名候选人和选举大会等关键环节均无遗漏。在随机走访中,多数村(居)民表示,此次换届选举与往年相比,较为规范,透明度较高。X 社区、H 社区和 G 村的换届选举工作取得了较为显著的成效,顺利推选出新一届村(居)民委员会。

第三节 新情况与经验:业委会的同步换届

业主委员会,是指由业主选举产生,是业主行使共同管理权的一种组织形式。一般情况下,业主委员会有两种产生方式:一是首届业主委员会由小区全体业主投票选举产生;二是根据小区业主大会议事规则约定的规则进行选举产生。业主委员会通常为5~11人,也可以根据小区情况在议事规则或管理规约中对委员人数进行约定。H社区在此次社区居委会的换届选举中,借助推选居民代表发掘新建小区的骨干成员,为成立业主委员会打下基础,也为其他地区解决类似问题提供可行经验,具有一定的创新之处。

一、细化代表推选,发掘业委会候选人

Z小区是2017年新划入H社区的一个小区,也是目前H社区人口最多、规模最大的小区。Z小区共有12栋楼,目前入住约450户,常住居民约1500人。由于Z小区开发商、物业和小区业主的矛盾纠纷不断,该小区的业主委员会至今尚未成立。在此之前曾两次试图成立业委会,但由于居民参与度不高,缺乏相应统筹力量,加之物业的阻挠,均以失败告终。为解决这一现实问题,H社区"两委"干部在换届选举期间,通过细化推选居民代表的过程,采用直接选举和间接选举相结合的方式,最终形成户代表—楼栋代表—居民代表的三级选举机制。通过推选居民代表发掘社区骨干,寻找业委会的合适人选,为业委会的成立做好充足准备。由各户为一名户代表参加各楼栋会议,采取无记名投票的方式为各楼栋推选出2~3名楼栋代表,再通过召开楼栋代表会议,举手表决产生该小区的居民代表,产生的居民代表也作为后期成立业主委员会的主要参考人选接受考察。在顺利完成换届选举工作任务的同时,解决了社区长期存在的业委会难以成立的问题,具体做法如下:

党员带头,放手发动群众。由于Z小区是新建小区,业主之间较为陌生,推选居民代表存在一定困难。因此,为调动业主参与换届选举的积极性,在推选Z小区的居民代表前,选举委员会主任召集小区部分党员,成立临时党组织,依靠党员发动群众,临时党组织听从选委会选举安排。随后召

开党组织动员会议,明确本次换届选举的目的,鼓励党员代表积极发动小区业主参加选举,同时发掘业委会的适合人选,确保每栋楼至少有1名党员负责本楼栋业主的宣传动员工作。同时,为避免选举过程受到开发商和物业公司的阻挠,在推选居民代表前,社区书记与开发商和物业公司多次沟通协商,最终取得了双方的支持。

三级推选,细化代表选举。在推选Z小区居民代表的过程中,H社区采取三级推选方式。首先是通过选民登记环节,各户推选出一名户代表;其次,在小区中选取入住率较高的6栋作为试点,召开该楼栋的户代表会议,在总结会议的经验教训后,分批次召开各楼栋户代表会议,采取无记名投票的方式各楼栋推选出2~3名楼栋代表;最后,各楼栋代表经社区政审合格后,召开楼栋代表会议,采取举手表决的方式推选出5名居民代表。通过细化居民代表的推选程序,Z小区选出了合适的代表人选。

分工明确,全程参与指导。在推选居民代表环节,H社区的干部和换届选举工作人员兵分三路,各小组有3名选委会成员、1名监委会成员和1名党组织成员,各小组负责5个居民小组的代表推选。这就保证了推选居民代表的全过程均有党组织和换届选举工作人员的介入,在出现问题时能够及时有效纠正错误,保证选举工作的顺利进行。而Z小区由于其自身复杂情况,该小区的居民代表推选在其他小组推选完毕后,由选委会、监委会全体成员共同负责,保障选举所必需的人力、物力。在时间安排上,为保证推选居民代表时到场的户代表超过2/3,社区配合居民的作息,将多数的小组会议放在周末和晚上召开。

H社区通过细化新建小区的居民代表推选过程,取得了较为显著的成效。一是缓解了换届选举的压力。针对Z小区复杂多变的情况,细化推选居民代表环节,最终顺利推选出居民代表,圆满完成换届选举任务。二是摸清了现有矛盾。借助选举工作,便于细致分析小区长期存在的矛盾纠纷及矛盾的原因,为矛盾的有效解决打下基础。通过推选居民代表,社区发掘了一批热心服务、有责任心、执行力强的党员群众,为后期业主委员会的成立奠定了良好基础,也为其他新建小区正确解决矛盾提供了参考。三是细化居民代表的推选过程。推选居民代表是体现居民当家作主和公平公正享有权利的重要环节,有利于调动居民参与社区事务的积极性。四是理顺了社区、居民代表和居民的关系。借助换届选举工作，H 社区强化了社区—居民小组长—社区居民三级管理机制。社区小组长充当网格员，通过换届选举，小组长和居民代表加强了与小组居民的联系，进一步明确了社区的三级管理模式，提高了办事效率。

二、对新情况出现的原因分析

H 社区借助换届选举工作，解决社区存在的实际问题，这一新情况不是偶然出现的，而是多种因素共同影响产生的。

上级高度重视业委会的成立。为了规范业主大会和业主委员会的活动，维护业主的合法权益，早在 2009 年我国住房和城乡建设部便制定了《业主大会和业主委员会指导规则》，规定业主大会根据物业管理区域的划分成立，一个物业管理区域成立一个业主大会，业主委员会由业主大会会议选举产生，由 5~11 人单数组成，业主委员会成员应当是物业管理区域内的业主。2012 年 4 月，麻城市转发《住建部关于印发〈业主大会和业主委员会指导规则〉的通知》，重申业主大会和业主委员会的规章制度。在这种背景下，H 社区高度重视 Z 小区成立业主委员会问题，并采取过多种措施予以解决。

在街道换届领导小组的指导下，X 社区和 H 社区根据相关法律法规和社区实际，制定本社区的换届选举工作方案。在选举方案的主要任务中，两社区均明确在新一届社区居民委员会成立后，督促具备成立业主委员会的物业小区召开业主大会，成立业主委员会。从业主中的社区“两委”成员、党员和政治素质好、热心服务群众的居民中推荐业主委员会候选人，街道党委对业委会成员候选人严格考察把关。建立健全社区党组织领导下的居委会、业委会、物业服务企业三方联动机制，共同服务好居民群众。H 社区在换届选举工作中，严格按照选举方案进行，借助换届选举的契机探寻业委会人选。

换届选举提供充足后勤保障。此前成立业主委员会以失败告终，一方面是由于 Z 小区自身情况复杂，业主、物业公司和开发商矛盾重重；另一方面是由于社区事务繁忙，没有充足的人员和时间投入，前期宣传动员工作不到位，活动缺乏组织性，导致参加业主大会的业主不足半数。H 社区借助换届选举工作，集合社区干部、选委会、监委会以及党员代表共同发力，调动业主参与社区事务的积极性，确保到场投票的户代表超过三分之二，保证投票结果的有效性。同时,社区书记与物业公司和开发商积极沟通协调,努力减少矛盾,避免了物业与开发商的阻挠,在一定程度上提高了选举工作顺利完成的可能性。

三、思考总结

从目前来看,村(居)委会换届选举的相关法律中均未涉及业委会的成立问题。《中华人民共和国城市居民委员会组织法》和《湖北省居民委员会选举办法》中仅涉及居委会换届选举相关问题,对于成立业委会的程序、换届选举工作与其他社区事务的处理协调等问题并未提及。换届选举工作的顺利开展需要居民的大力支持和参与,在换届选举中借机处理社区事务有助于调动居民参与换届选举的积极性,增强换届选举的效果。《中华人民共和国城市居民委员会组织法》和《湖北省居民委员会选举办法》均未涉及社区其他事务的处理问题,相关部门可适当对换届选举相关法律作出调整,规定选举工作与社区日常工作的协调融合,探索换届选举的新路径。

判断Z小区在换届选举过程中产生的新情况是否合法,主要是依据目前法律的具体规定,其理论基础是“法无禁止即可为”。通常所提到的多是“法无禁止即可为”,但与之相反的理论“法无授权不可为”亦有其合理性,在对某种行为的合法性进行具体判断时,两种理论可能会引起相应争论。追溯二者起源,“法无禁止即可为”和“法无授权不可为”是流行于17、18世纪的西方谚语,是卢梭《社会契约论》和孟德斯鸠《论法的精神》等启蒙著作的重要“常识”来源。“法无授权不可为”是对权力的监督和制衡,实际上就是对权力实行正面清单;“法无禁止即可为”是对市场主体的开放,扩大而言,是对民间主体的开放。2013年,我国建立中国(上海)自由贸易试验区,探索实行“负面清单”管理模式,并提出要“形成可复制、可推广的经验”,旨在发挥市场主体的活力和创造力。近年来,我国逐渐提倡政府建立负面清单制度,给予市场主体充分自由,而负面清单制度主义是针对私权的,对于公权而言,目前主要是实行正面清单制度,以保障对权力的监督和制衡。但另一方面,正面清单制度在很大程度上限制了政府部门的创新思维,在正面清单没有明确规定可行的前提下,为保证相关工作不违法,部分干部行事保守,循规蹈矩,不利于基层干部结合地方实际开展工作。因此,有必要进一步探讨负面清单制度的适用范围。

纵观我国各地的村(居)委会换届选举工作，村(居)民的切身利益始终是影响换届工作顺利进行的重要因素。“两委”干部对待村(居)民切身利益的态度在很大程度上会影响换届选举工作的实施效果。若“两委”干部忽视村(居)民的切身利益，其合理需求没有得到实现，必然会引起各方矛盾纠纷，当矛盾扩大到一定程度时，必然会阻碍换届选举工作的开展，严重时甚至会直接导致选举工作失败。反之，若“两委”干部重视群众呼声，心系乡村(社区)建设，及时化解纠纷，在一定程度上反而会调动村(居)民参与换届选举的积极性，推动换届选举工作顺利进行。近年来，各地开展村(居)委会换届选举工作时逐渐加大了对不稳定因素的排查力度，及时化解矛盾纠纷，为换届选举工作提供稳定的外部环境。这说明我国村(居)委会换届选举工作与群众的联系越发密切，排查化解纠纷推动了换届选举工作的开展，也有利于社会的和谐稳定。但另一方面，这种排查工作的直接目的是保障换届选举工作的顺利进行，矛盾问题的解决程度有待考证，多数地区仅是控制了换届期间的信访数量，并未真正解决实际问题，且与换届选举工作的联系不大。而观察点 H 社区是借助换届选举的某一环节，一举多得，解决社区实际问题。从这一点来看 H 社区的换届工作具有较强的独特性，其工作方法对于其他地区的换届选举工作具有借鉴意义。

第四节　换届选举观察点面临的具体困境

虽然观察点各村(社区)的换届工作取得了较好的效果，但在选举过程中也存在着一些问题，需要进一步改进。

一、选举环节较为粗糙，有待进一步细化

选民登记环节不细致。一是选民登记出现遗漏。X 社区以居民小组为单位设置登记站，通知居民到站登记。但在随机的走访调查中，几位居民均表示没有人通知自己选民登记一事，也不了解自己是否为选民。二是宣传讲解不到位。H 社区采取入户登记的方式，虽然登记环节符合程序，但选举的宣传讲解方面不够到位，登记完毕后部分选民不熟知选举内容。三是登

记造册不细致。观察点各地的选民登记造册名单中选民信息不全,选民编号不唯一。X社区采取户代表形式推选居民代表,但没有发布户代表名单。

推选居民代表行政化。一是选委会、监委会成员均为社区书记提名。X社区和H社区召开居民代表大会,成立选委会和监委会,整个选举过程由书记主持。二是小组长和上届村(居)民代表听从社区书记统一安排。在推选村(居)民代表时,选出的新一届村(居)民代表要经过监委会审核。三是"两委"成员均当选代表。X社区和H社区的"两委"成员全部当选为居民代表,导致行政色彩较浓。

推选候选人较为敷衍。一是提名候选人追求速度。为追求效率,观察点各地提名候选人多以小组为单位,由各组组长、代表带头提名,普通村(居)民涉及较少。二是候选人退选造成等额选举。观察点各地新提名的候选人有的出于差额选举的规定被提名为候选人,其自身年龄较大,并不适合担任该职务,且本人当选意愿不强,导致后期出现退选现象。三是正式候选人产生后宣传不足。观察点各地在产生正式候选人后,没有积极宣传候选人情况,村(居)民对于新提名的候选人了解程度较低,影响后期的选举。

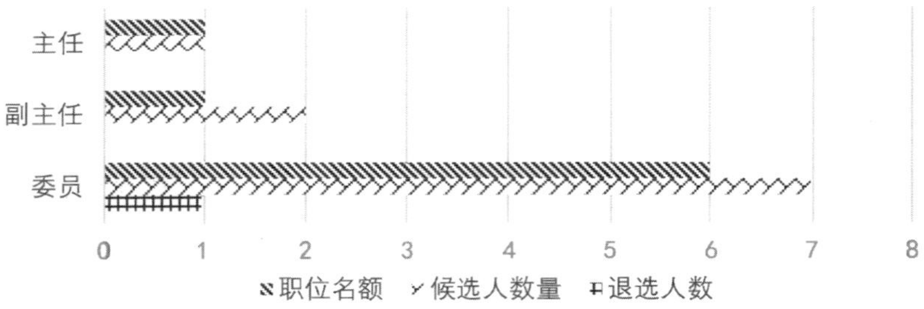

图7-3 X社区候选人退选情况(单位:人)

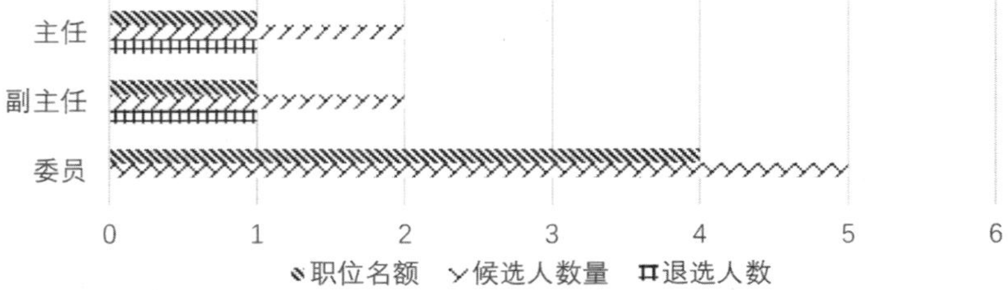

图7-4 H社区候选人退选情况(单位:人)

选举大会细节不规范。一是发放选票没有名单，难以核对身份。观察点各地在发放选票时都没有参照选民登记造册名单，选举证上也没有选民编号，无法确认选民身份，容易出现代领选票现象。二是写票环节不保密，影响选举结果。X社区在选举大会现场并未设置秘密写票处，多名选民同时写票，完全公开，保密工作不到位，影响选举结果。三是工作人员不熟悉选举规则，造成计票混乱。

二、选举过程具有诱导性

部分候选人缺乏竞争力。一是部分候选人自身能力不足。各观察点推选候选人时并不关注其是否符合候选人标准，而是注重有无竞争力，能否对主要候选人产生威胁。二是部分候选人参选欲望较弱。X社区居委会副主任候选人黄某已年近60岁，并无当选欲望，因此在选举大会上直言，希望选民选择年轻人。

选举大会具有诱导色彩。一是区别对待候选人。G村在选举大会的竞职演讲环节，仅安排最终当选的四名成员演讲，对于陪选的三人甚至没有自我介绍环节。二是会议具有诱导性语言。

三、普通村(居)民参与度低

一是选举工作的宣传力度弱。一方面，宣传形式单一。对于换届选举的宣传多借助张贴公告和标语的形式，时效性不强，且标语和公告未能做到各重要路段、出口全覆盖，《致广大党员群众的一封信》未能做到入户发放，村(居)民关注程度较低。另一方面，更新速度较慢。选委会发布的公告无法迅速张贴到各村(居)民小组，因此，公告中所出现的问题无法得到及时反馈。

二是群众参与意识有待提高。普通村(居)民对换届选举的重要性认识不充分，在随机走访调查中，观察员发现部分村(居)民不了解参与选举的要求，甚至不清楚在任的干部，对是否参与选举持无所谓的态度，这在一定程度上影响整个换届选举的效果。

三是间接投票涉及人数较少。X社区和H社区采取间接选举的方式选出居委会成员。在推选居民代表环节，以小组为单位召开户代表会议，由户代表推选居民代表，X社区户代表人数占登记选民人数的比例为30.9%，H

社区户代表人数占登记选民人数的比例为10.4%;在提名候选人和召开选举大会环节,均由居民代表填写候选人选票和正式选票。而二者的居民代表都不足100人,居民代表在社区常住人口中所占比例不足1.0%,居民代表的代表性有待提高。在实际的选举过程中,普通居民仅参与前期的选民登记和推选居民代表环节,在选举候选人和居委会环节的参与感较弱,间接选举的公正性有待进一步提高。G村的村民代表为29人,户代表为279人,户代表人数在登记选民人数中所占比例为24.6%,虽然在召开选举大会环节由选民直接投票,但在推选村民代表和提名候选人环节,召开的是户代表会议,通过户代表间接推选村民代表和提名候选人。

四、参与选举成员结构不合理

工作人员结构不合理。麻城市观察点各地的选委会、监委会成员中,女性所占比例不足五分之一,性别比例失衡。X社区选委会和监委会成员共12人,其中女性仅有4人;H社区选委会和监委会成员共12人,女性为3人;G村选委会和监委会成员共10人,女性为1人。同时,换届选举工作机构以50岁以上人员为主,40岁以下人员缺乏,年龄分布不均衡,中青年群体参与度较低。X社区的12名选举工作人员中,55岁以上人员为9人,年龄分布严重失衡。

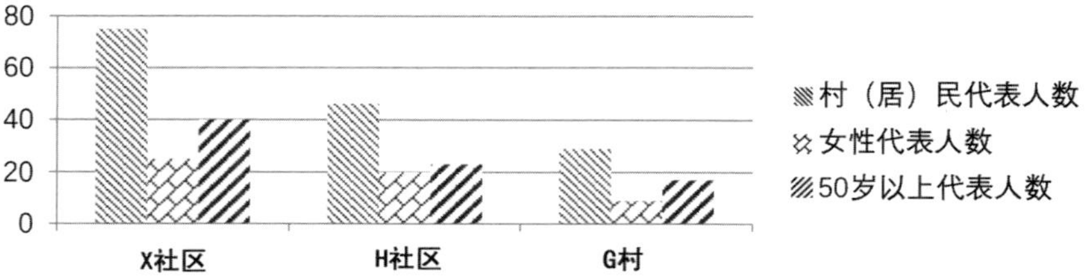

图7-5　观察点各地换届工作机构基本情况(单位:人)

居民代表结构不合理。X社区和H社区采取间接选举方式,由居民代表提名候选人、参加选举大会,因此,居民代表在换届选举工作中占有重要地位。而上述两社区的居民代表结构呈现失衡状态,居民代表的结构失衡主要表现为年龄分布不均。以X社区为例,X社区共有居民代表75人,其中45岁以上为50人,60岁以上为17人,而30岁以下仅有3人。居民代表的年龄分布呈老龄化趋势,年龄分布不均影响换届选举的最终结果。

第五节　换届选举观察点的思考与建议

针对上述观察过程中发现的一些问题，可以从工作制度、成员结构、宣传引导等方面加以改善，推动换届工作的顺利完成。

一、健全工作制度，规范选举程序

健全村（居）委会工作制度。村（社区）的正常有序运行，是换届选举工作顺利进行的基础，而正常有序的运行离不开完善的工作制度，因此，健全村（居）委会的工作制度是做好换届选举工作的重要保障。一方面，要完善村（社区）日常管理规章，保障村（社区）平稳运行，维护社会和谐稳定，为换届选举提供良好的外部环境。另一方面，要健全干部监督考核制度。明确监督考核标准，增加考核频率，扩大考核渠道，发挥村（居）民在监督中的重要作用和独特优势，及时处置不作为、乱作为的干部，营造良好的乡村（社区）氛围。

促使民主管理规范化。在换届选举过程中，民主管理的模式直接影响选举效果和选举效率。要提高换届工作的效率，就要完善民主管理模式，促使民主管理规范化。各地要结合自身实际，探索符合自身情况的管理模式。在社区，强化居委会—居民小组长—居民代表三级管理机制，充分发挥居民代表的沟通桥梁作用，提高办事效率。在农村，完善村委会—村民小组长—村民三级管理模式，村民小组长可以充当网格员，减轻村委会负担。同时，及时召开村（居）民代表、小组长会议，对产生的问题纠纷及时有效解决，避免矛盾扩大化。通过完善民主管理，及时化解纠纷，提高村（社区）吸引力和凝聚力。

完善换届选举程序。一是要细化标准。对于选举工作的每一环节、每一步骤，做更加细致明确的要求。在成立选举机构环节，加强对选委会、监委会成员的审核力度，尽量避免村（社区）“两委”干部亲属担任，减少行政对选举的干预；在推选村（居）民代表环节，细化会议流程，可以设置代表竞选演讲环节，增加群众了解程度，由于社区多选择间接选举方式，因此建议采取无记名投票形式推选代表；在提名候选人环节，对新提名人员增加年龄、学历限制，提高候选人竞争力。二是简化程序。适当减少居民代表会议召开次数，合并会议内容；采取居民代表投票的地区，可取消选举证发放环节，适当缩短候选人公示时间，缩短换届选举耗时。三是加强监督。例如，加强对村小组会议的监督管理，各监督小组可定期查阅小组会议记录，或随机参与推选代表、提名候选人等环节，促使换届工作深入开展。

二、改善成员结构，扩大覆盖范围

适当调整人员结构，促进选举科学化。对于换届选举的工作人员而言，要适当调整性别比例和年龄分布，提高女性和年轻人员所占比例，任用年轻有为的知识分子、党员进入选委会、监委会，增加换届工作的活力。对于村(居)民代表而言，在女性代表不低于1/3的基础上，增加代表的年龄限制，扩大35岁以下代表的数量，促使村(居)民代表结构分布合理，提高选举工作的科学程度。

合理增加代表名额，提高选举覆盖率。在居委会的选举中，社区大多选择间接选举的方式，由居民或户代表选出居民代表，再由居民代表推选候选人并参加选举大会，代为投票，选出适合的当家人。因此，要合理增加居民代表的数量，根据社区人口规模，按一定比例增设居民代表名额，扩大居民代表的涵盖范围，推动选举工作更加科学合理。

尽量避免一人数职，增强选举合理性。各地的选委会、监委会、小组长和村(居)代表中，存在一人兼任多重身份的现象。尤其是社区推选居委会时，换届选举的工作人员、“两委”干部同时为居民代表，这就使得本就不多的代表中，普通居民所占比例愈加减少，选举工作演变为少数人的忙碌。因此，要尽量避免选委会、监委会成员同时担任居民代表，尽可能吸引普通居民参与到选举过程中来，通过完善居民代表结构，进一步促进换届选举合理有序进行。

三、加强宣传引导，提高参与意识

发挥带头作用，培训工作人员。首先“两委”干部自身要加强学习，高度重视换届选举工作，明确换届的责任和要求，严格规范自身行为；其次要提高骨干成员、换届工作人员以及小组长、村(居)民代表的参与意识和参与能力，加强对这些人员的培训，通过沟通交流和思想教育，深化对换届选举的认识；最后要借助选举委员会、监督委员会以及村（居）民代表的辐射带动作用，依靠他们在群众中的威信力，宣传换届选举相关内容，提高广大群众的参与意识，调动群众参与选举的积极性。

增强党群联系，提高选举影响力。要提高村（居）民参与换届选举的意识，就要借助换届选举工作，解决与群众切身利益相关的问题，增加群众对选举工作的关注程度。为此，"两委"干部要增强与群众的联系，深入基层实际走访调查，尤其要加强与人口密集区域和边缘地区的联系，了解群众生活实际面临的问题，依靠换届工作一并解决，改善党群关系，加深双方了解，明确村（居）民的主人翁地位，以此提高群众换届选举的参与度。

加强宣传力度，树立正确观念。一是要加大资金投入力度。在制定换届选举方案时，各地要结合实际情况，做好财务预算工作，预留专项资金用于宣传动员广大群众。二是要扩大宣传范围。各地要根据人口聚集状况，合理调整横幅、标语的设置数量和位置，在各重要路段、主要出入口增加换届选举的宣传。对农村而言，尤其要注意边缘地区的宣传发动，做到各项公告、措施及时准确传达。三是创新宣传形式。一方面，要做好各项基础宣传工作，依靠横幅、标语发动广大群众，尽量将《致广大党员群众的一封信》入户发放，入户宣传动员。另一方面，要借助网络传播和群众喜闻乐见的文化活动宣传换届工作，吸引广大群众参与换届选举。

第八章　孝感市大悟县换届选举试点：登记选民与选民登记

湖北省于2018年9月启动了全省村(居)民委员会换届的相关工作,各级工作部署会议逐渐召开,各级选举指导机构相继成立。为进一步了解选举工作情况,加强对村(居)民委员会民主选举工作的监督,努力营造公开、公平、公正的选举环境,维护良好的选举秩序,推进换届选举工作严格依法依规进行,湖北省自2005年开始建立选举观察员制度,将观察式选举监督机制正式引入村(居)民委员会换届选举工作中来。本次观察在全省选取了7个重、难点村(社区)作为观察点,同时辐射周边两个村(社区),总共划分为7个组。本组的观察工作以孝感市大悟县J村为主,同时辐射周边的S村、Q村,依据《中华人民共和国村民委员会组织法》《湖北省村民委员会选举办法》等法律法规,采用查阅相关资料、旁听相关会议、访谈、问卷调查、入户走访村民等方式,对被观察村的整个选举过程及其各环节进行了为期一个月的观察。本次观察获取了关于各观察点换届选举工作的第一手资料,直观地了解了村委会换届选举的各个环节。

第一节　换届选举观察点的基本情况

本次观察的三个村都隶属H镇,H镇位于澴水源头两河、鄂东北“三市”(武汉市、孝感市、黄冈市)“两县一区”(大悟县、红安县、黄陂区)交界处,地处大悟县境东南角,H镇自古就是南北交通重镇,交通便利,商贾云集,素有“金三角”“小汉口”之称,是孝感市重点“口子镇”之一。

J村是本次观察的主要村庄，它位于大悟县H镇镇区西南部，全村辖17个村民小组，11个自然塆，514户，总人口1997，共有党员61名，目前村两委成员共3人。全村面积8平方公里，耕地面积2847.91亩，山场林地8500亩，水面391.7亩；2017年全村农民人均纯收入7800元，村集体经济收入5万元。2014年以来，镇、村两级坚持“跳起来摘桃子”，树立长远眼光，引进湖北某茶业有限公司，投资3000万元，累计流转土地5000余亩，打造村集体经济茶叶基地。2017年J村村集体经济收入5.5万元，其中：村集体经济茶叶基地土地承包费5万元，预制板厂承包费5000元。2018年4月份，湖北省首条抹茶生产线在J村建成投产，计划年底前再引进企业投资4000万元新建3条生产线，以“公司+合作社+大户+农户+基地”模式生产经营，流转H镇茶园基地1500亩，带动160户贫困户脱贫。

S村位于H镇西北部，距大悟县城区45公里。全村面积6.2平方公里，下辖14个村民小组，11个自然塆，村民568户，总人口2220，劳动力964人。目前村两委成员共5人，党员56人。全村共有农民承包地3480亩，其中：水田2980亩，旱地500亩，山场林地3480亩，水面1428亩。S村是重点贫困村，共有建档立卡贫困户195户576人。其中：五保24户24人；低保71户130人；孤儿1户1人。2017年S村集体经济收入13.8万元，其中：油茶、茶叶基地土地转让管理费8.4万元，林场承包费4.8万元，苹果园承包费0.6万元。目前，该村正通过建设光伏发电场、发展绿色蔬菜示范种植基地、发展药材种植示范基地等方式不断壮大集体经济。

Q村位于大悟县H镇镇区南部，全村辖14个村民小组，9个自然塆，总人口327户，1300人。共有党员38人，村两委成员共3人。全村面积2平方公里，耕地面积1539.9亩，山场林地2228亩，水面458亩；2016年全村农民人均纯收入5600元，村集体经济收入1.3万元，村内农民专业合作社1个。2017年全村集体经济收入1.3万元，主要来源为流转土地承包金。目前，该村正借助村组生态资源优势，发展绿色产业，带动集体经济的发展。

此外，J村、S村、Q村都有扶贫工作队驻村，由孝感市委组织部干部、市中心医院干部、医生以及乡镇干部等人组成，为精准扶贫工作及本村其他村务提供了智力、人力支持，极大地推动了本村各项工作的进行，各项基础设施不断优化，村庄落后的面貌逐渐改善，集体经济不断壮大，使村民逐渐脱离贫困。农村经济的不断发展,一定程度上有利于换届选举工作的顺利开展。

表 8-1 观察村基本情况表

单位	总人口数(人)	村民小组数(个)	自然垮数(个)	党员数(人)	现任村两委成员数(人)
J村	1997	17	11	61	3
S村	2220	14	11	56	5
Q村	1300	14	9	38	3

第二节 换届选举的工作流程

本次换届选举从县到镇再到各村都进行了相关工作安排和部署,程序基本合法,采用了一定的方法,成功选举出第十届村委会成员,使热心服务村民且工作能力强的年轻力量进入村委会班子,注入了新鲜血液。

一、县、镇一级的整体工作安排

大悟县政府对本次换届选举工作高度重视,在选举动员工作上,多次召开选举工作推进会,积极进行工作汇报,稳步推进选举各项工作;在选举宣传工作上,通过支部主题党日、电视台、网络平台等多种方式大力宣传,使村民了解选举,保障村民知情权;在选举指导与监督工作上,编辑出版了指导手册、成立了相应的选举指导小组、督导组等,加强组织领导,强化党委统筹,全面加强党委对换届工作的领导。换届选举每个重点阶段、每个重点环节,督查指导组都要亲自到村或到组召开会议,进行指导、把关,确保选举工作的公正、公平、公开。同时,各镇换届选举制定了自己统一的计划,按照时间划分了不同阶段,明确了每一阶段的任务安排,严格执行的同时,允许在总时间段内根据自身实际情况进行微调,保证了灵活性,同时给予相应的干部培训以及财政支持,有序推进选举工作。值得一提的是,大悟县还将换届选举和扫黑除恶工作相结合,双线并行。通过加强对换届选举工作的保障,推动扫黑除恶工作和换届选举工作的对接,把一切干扰、破坏选举工作的个人或团体都视为黑恶势力,毫不留情地进行打击,并联合公安部门,确保选举大会的现场秩序,对干扰、破坏选举的行为进行坚决打击,增强了选举工作的权威性,确保选举工作的有序进行。农村换届选举涉及很多个人和团体的利益,在利益的驱动下,利益相关者会想方设法攫取资源,包括使用非法手段。因此,农村换届选举会使一些黑恶势力现形,宗族势力、村霸等往往会为了自己或团体的利益操纵或是干扰选举。抓住换届选举这个黑恶势力最可能现形的机会,进一步加强扫黑除恶工作,黑恶势力一旦现形,就可以采取措施对他们进行集中打击,既有利于大力打击黑恶势力,又有利于保障选举工作的有序进行。

H 镇政府进一步细化和落实选举工作。以 S、Q 两村为换届工作试点村,先试先行,组织其他村党员干部学习观摩,坚持以试点带动,同步指导,对标定位,让全体干部熟悉掌握换届选举法律法规、章程条例、工作步骤、基本要求等内容。同时,H 镇为各村党支部换届和村委会换届制定了统一的日程安排表,村委会换届选举的全部工作总的来说有七个阶段,按照选举工作的准备、进行和后续又可划分为三个大的阶段:

第一阶段是宣传准备阶段。此阶段以宣传动员工作为主,时间是 9 月 10 日至 9 月 20 日,分为 5 个环节:组建选举工作机构、研究制定方案、做好任期审计和换届考察、调整充实村党组织班子、开展业务骨干培训。

第二阶段是村委会换届选举阶段。此阶段围绕村委会换届选举流程展开,时间是 10 月 29 日至 12 月 10 日,分为 15 个环节:推选村民选举委员会和村民选举监督委员会并召开第一次会议、召开村民选举委员会和村民选举监督委员会第二次会议、宣传发动和培训骨干、登记参加选举的村民名单、审核发证、召开选举委员会第三次会议、推选村民代表、确定职数、候选人条件及产生方式、提名产生候选人、资格审查、确定正式候选人、组织候选人竞职演讲、投票准备、召开选举大会投票。

第三阶段是后续工作阶段。此阶段主要围绕村委会换届后续工作展开,时间是 12 月 11 日至 12 月 20 日,分为 4 个环节:班子交接、健全各类组织、建章立制、总结归档。

表 8-2　H 镇第十届村委会换届选举工作日程表

第一阶段:准备阶段 (9 月 10 日至 9 月 20 日),时间 11 天	组建选举工作机构
	研究制定方案
	做好任期审计和换届考察
	调整充实村党组织班子
	开展业务骨干培训
第二阶段:成立机构 (10 月 29 日至 11 月 8 日),时间 11 天	推选村民选举委员会和村民选举监督委员会并召开第一次会议(10 月 29 日至 10 月 31 日)
	召开村民选举委员会和村民选举监督委员会第二次会议(10 月 31 日)
	宣传发动,培训骨干(10 月 31 日至 11 月 8 日)
第三阶段:选民登记 (11 月 1 日至 11 月 11 日),时间 11 天	登记参加选举的村民名单(11 月 1 日至 11 月 5 日)
	审核发证(11 月 6 日至 11 月 11 日)
第四阶段:准备阶段 (11 月 11 日至 11 月 14 日),时间 4 天	召开选举委员会第三次会议(11 月 11 日)
	推选村民代表(11 月 12 日至 11 月 14 日)
第五阶段:提名候选人 (11 月 15 日至 11 月 26 日),时间 12 天	确定职数、候选人条件及产生方式(11 月 15 日)
	提名产生候选人(11 月 16 日至 11 月 18 日)
	资格审查(11 月 18 日至 11 月 25 日)
	确定正式候选人(11 月 25 日)
	组织候选人竞职演讲(11 月 26 日)
第六阶段:选举大会 (11 月 26 日至 12 月 10 日),时间 15 天	投票准备(11 月 26 日至 12 月 5 日)
	召开选举大会投票(12 月 6 日至 12 月 10 日)
第七阶段:后续工作阶段 (12 月 11 日至 12 月 20 日),时间 10 天	班子交接
	健全各类组织
	建章立制
	总结归档

二、各观察村的突出工作方法

在本次选举的整个过程中,各观察村出现了一些较为突出的工作方法,为选举过程中实际出现的障碍提供了解决思路,保证了选举工作的灵活高效进行。

1. 工作开展注重实际，灵活多样

一是活动开展注重实际。本次观察的三个村空心化现象普遍比较严重，村民多外出谋生，在家的村民也整天忙于各种农活，加之村民政治参与意识仍然不足，很多村民对参与群众性集会没有什么兴趣。这导致了村民召集困难，村干部往往费时费力地去联系每一个村民，然后挑大家都方便的日子，才能组织起村民或党员。针对这一问题，S 村、Q 村都采取了将几大活动相结合的方法，不管是党支部活动，还是村委会活动，都能根据需要灵活地结合到一起，解决了问题。如将支部主题党日和村民代表大会合并到一起召开，这样既可以学习党的精神，同时也对选举工作起到了宣传作用，方便了人员召集，是一种非常灵活的做法。二是选举计票方法灵活多变。针对选举时选票多，人员少，计票员工作量大，耗时长而导致村民在等待过程中失去耐心的问题，三个村都使用了一种独特的计票方式，他们将一样的选票挑出来，然后数总数，再计算加到总票数中去，极大地节省了计票、唱票时间。当然，这个过程他们也要求必须有监督委员会的成员进行严密监督，严防作弊，同时，唱票员也会灵活处理一样的票，并向村民当场说明情况。这种方式突破了以往每一张票都要唱的传统方法，极大地节省了时间，一定程度上缓解了在唱票计票环节因耗时长而导致的村民失去耐心离场的现象，同时，这一过程做到了效率监督并行，是一种灵活高效的工作方法。

2. 新老干部协调配合，高效运作

一是新老书记的高效搭配。三个村在换届选举过程中都引入了之前退休的老书记，老书记一般担任选委会主任或监委会主任。J 村是合并村，要开展选举工作，必须了解原来两个村的情况，而原来两个村的书记现在分别被推选为选委会主任和监委会主任的做法，有利于准确把握村情、了解选民，他们和现任书记协调配合，共同推进选举工作。S 村和 Q 村虽不是合并村，但也是采取了老书记担任选委会或监委会主任的做法，这样既保证了对村基本情况最大限度的了解，又保证了与时俱进的工作能力，对于推进选举工作具有重要意义。二是新老干部的协调配合。三村都采用了类似的方式，将一批了解村民、了解村中情况、了解农村工作的退休老干部召集起来，继续在选举期间发挥余热。召集起来的老干部热情很高，非常愿意为村民委员会的换届选举贡献一份力量。同时,他们在工作过程中和年轻干部协调配合,积极地向年轻干部传授先进的工作经验和工作方法,使他们快速地成长起来。这些老干部大多是本村土生土长的村民,对村子和村民有着深厚的感情,并且非常了解村中情况,有着很强的工作能力,文化素质与政治素质都较高,在村中具有一定的威望与号召力。他们的加入,一方面可以带动村民积极参与换届选举工作,另一方面可以与新干部共同推进选举工作,取长补短,协调配合,注重工作能力的同时也实现了对实际情况的充分把握,从而高效运作,有序开展选举工作。

3. 村民代表的推选因地制宜

一是村民代表的推选注重实际。村民代表是村民利益和意愿的代表者,成员应具有代表性和身份的多样性。但是在大多数农村,村民的政治参与意识淡薄,且常年忙于生计,因此不愿意作为村民代表,再加之村庄空心化现象严重,要选出合适的村民代表更加困难。面对这种现实情况,三村都采取了"党员+群众"的村民代表成员搭配,由村民代表中的党员直接联系群众,及时了解和反映村民的需求,同时村民代表中的部分群众负责传达村委会的相关规定和党的精神。这种分工既有利于村民意愿和利益的直接反映,又有利于促进村民对村委会工作的了解,加强对党的精神的宣传。三村的特殊村情催生了此种独特做法,是一种独特的创新做法。二是女性代表的推选因地制宜。按规定,村民代表中妇女代表数必须达到总代表人数的三分之一,但是每个村具体情况有很大不同。Q 村平时只有不到 100 人在家,男女比例失衡,男性明显多于女性,并且大多数女性都年龄较大,没有文化,有的女性还因病卧床不起。而 J 村虽是合并村,空心化现象也相当严重,和 Q 村有着同样的处境。面对这样的现实,两个村在推选村民代表时并没有生搬硬套规定,而是灵活地采用"女性代表最大化,缺位能者补之"的做法,尽可能多地推选本村有能力的女性,如果实在缺位,那么再根据相应的指标确定有能力担当代表的人,并要求补充女性代表缺位的代表要多多站在本村女性的角度,为村中女性发声代言,维护她们的各项权利。规章制度只是面向大多具有普适性的村庄,而对于这种具有特殊村情的村庄,规章制度与特殊村情的矛盾就显露了出来,必须要有莫大的勇气去积极创新,结合实际因地制宜,探索最适合本村村情的工作安排。两村的探索成功解决了这一矛盾，推动了选举工作的正常进行。

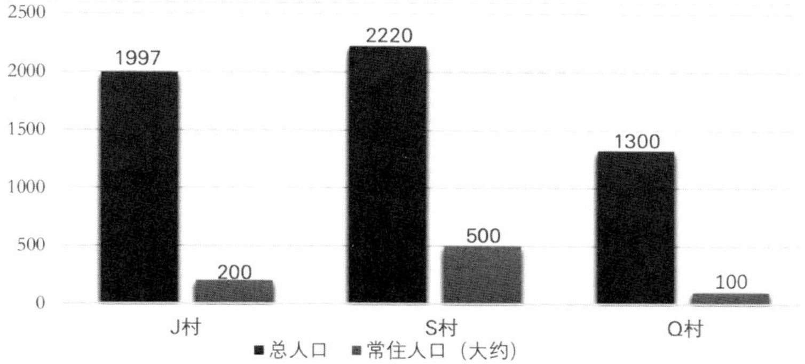

图 8-1　观察村空心化状况（单位：人）

4. 候选人提名标准与时俱进

一是优先推荐村中信息员。提名候选人是村委会换届选举的重要一环，按规定，候选人除了自身身份条件外，还应当具备一定的政治、思想、文化素质，有一定的组织管理能力，有带领村民共同致富的本领，在村民中有一定的威信等。但是，现今农村空心化现象严重，人才不断流失，很难找出各方面素质都过硬的年轻人进入村委会任职。在这样的情况下，三村都采取了优先向村民推荐村中信息员为候选人的做法。三村之中都有学历较高、吃苦耐劳、工作能力强的年轻信息员，他们工作经验丰富，了解村民和村中实际，能够胜任村委会的相应职位。同时，让他们进入村委会，也是对热心服务基层的年轻人的一种鼓励，能够让他们更加坚定地服务村民，同时吸引更多的年轻人进入村委会。二是以信息技术的掌握为新标准。随着时代的发展、社会的进步，精准扶贫的大力推进，社会主义新农村建设步伐越来越快，信息化时代的到来对基层特别是两委干部提出了新的要求，信息技术的掌握显得越来越重要。J 村在讨论提名候选人时，经过仔细研究，对候选人提出了新标准，要求候选人必须懂电脑，会用电脑处理平时村中的事务，不懂电脑的人不予考虑。面对繁杂的村务，电脑的使用可以大大提高村委会办事效率，J 村的做法立足实际，与时俱进，有着因时而变的选人标准，有利于村委会工作效率的提高。正是在这样的标准下，J 村最终成功选出了几个懂技术、年轻有为、工作能力强的致富能手进入村委会班子，J 村未来有着可期的发展前景。

三、换届选举工作的过程与方法

各观察村按照 H 镇下发的日程安排表,进行换届选举工作的安排和部署,由于观察村中有选举试点村,三个观察村换届选举的五大环节在时间上有一定差异,但每个观察村各环节所采用的方法差异较小。

成立选举工作机构阶段(9 月 10 日至 11 月 2 日)

H 镇早在 9 月份便成立了选举工作领导小组、指导组和工作专班,同时,召开了领导小组会议,研究制定方案并派工作人员驻村指导工作。

10 月 28 日、10 月 30 日、11 月 2 日,J 村、S 村、Q 村分别在上一届村民委员会主持下,召开了村民代表会议,采用无记名投票方式产生了新一届村民选举委员会和村民选举监督委员会,随后召开了第一次选委会和监委会会议,强调了选委会和监委会的职责并讨论了下一步的工作安排。本次 J 村共推选出村民选举委员会和选举监督委员会共 14 人,其中选委会成员 9 名、监委会成员 5 名;S 村共推选出村民选举委员会和选举监督委员会共 10 人,其中选委会成员 7 名、监委会成员 3 名;Q 村共推选出村民选举委员会和选举监督委员会成员共 12 人,其中选委会成员 7 名、监委会成员 5 名。

选民登记阶段(10 月 30 日至 11 月 21 日)

S 村选民登记工作从 10 月 30 日至 11 月 5 日,历时 7 天,采取以村民小组为单位设立登记点,村民自己携带户口簿或身份证登记的方式,同时以 1~2 个小组为单位设一个登记员,以电话对出门在外的村民进行告知。本次共登记选民 377 人,委托票 130 人。

J 村选民登记工作从 11 月 16 日至 11 月 21 日,历时 6 天,采取以村民小组为单位设立登记点,村民自己携带户口簿或身份证登记的方式,同时以 1~2 个小组为单位设一个登记员,以电话对出门在外的村民进行告知。本次共登记选民 220 人,委托票 55 人。

Q 村选民登记工作从 11 月 5 日至 11 月 20 日,历时 16 天,采取以村民小组为单位设立登记点,村民自己携带户口簿或身份证登记的方式,同时每个小组设一个登记员,以电话对出门在外的村民进行告知。本次共登记选民 369 人,委托票 246 人。

推选村民代表阶段(11 月 10 日至 11 月 24 日)

11月10日，S村召开了村民选举委员会第三次会议，讨论了推选村民代表的时间、村民代表产生方式、名额、条件并贴出公告，确定了38名村民代表。

11月12日早晨，离S村村委会最近的一个村民小组召开户代表会议，举手表决推选出部分村民代表。

11月20日清晨，Q村召开村民选举委员会第三次会议，讨论村民代表产生方式、名额、条件并贴出公告，确定村民代表25人。下午，由于Q村是最小的村，常住人口不足100人，因此召集了目前村中所有村民举手表决进行了村民代表的推选。

11月23日上午，J村召开村民选举委员会第三次会议，讨论通过了J村第十届村民代表名额、条件及产生办法。确定村民代表46名，以组为单位召开户代表会议，采取举手表决或无记名投票的方式推选产生村民代表。

11月24日中午1点左右，观察组随选委会主任和村书记前往J村其中一个自然塆旁听户代表会议，会议采取了举手表决方式推选出部分代表。

提名候选人阶段(11月16日至11月30日)

11月16日上午8点左右，S村召开第十届村民代表会议第一次会议以及支部主题党日，讨论通过了S村第十届村民委员会候选人提名产生办法，确定第十届村民委员会由3人组成，其中主任1人，副主任1人，委员1人。由村民选举委员会主持各组村民小组会议，各组过半数登记参加选举的村民参加会议直接提名，由全体登记参加选举的村民按照村民委员会成员职位设置等额提名，无记名投票。时间为11月16日至11月18日。

11月27日，Q村召开第十届村民代表会议第一次会议，讨论Q村第十届村民委员会职数、候选人产生方式、时间等，确定第十届村民委员会由4人组成，其中主任1人，副主任3人，委员0人。时间为11月27日至11月28日。

11月28日，观察组随Q村选举委员会主任、村书记一起前往Q村某个村民小组旁听村民小组提名候选人会议，最终以举手表决的方式提名了部分候选人。

11月29日，J村召开第十届村民代表会议第一次会议，讨论J村第十届村民委员会职数、候选人产生方式、时间等，确定第十届村民委员会由5人组成，其中主任1人，副主任4人，委员0人。由村民选举委员会主持各组村民小组会议，各组过半数登记参加选举的村民参加会议直接提名，由全体登记参加选举的村民按照村民委员会成员职位设置等额提名，无记名投票。时间为11月29日至11月30日。

选举大会(11月28日至12月14日)

11月28日上午，S村召开选举大会，由于是选举试点，时间较早。登记参加选举的选民有377人，有247人参加了选举大会，委托票130票，选举大会共发出377张选票，收回377张选票，336张选票有效，41张弃权票。确定主任候选人2人，副主任候选人2人，委员2人，通过本次选举选出了村民委员会主任1人，副主任1人，委员1人。其中，副主任是一名女性，年龄在20~30岁之间，曾任信息员，委员曾在城市自主创业，现回村服务村民。

12月10日早上，J村召开村选举大会，登记参加选举的选民有220人，有165人参加了选举大会，委托票55票，选举大会共发出220张选票，收回219张选票，218张选票有效，1张废票。确定主任候选人2人，副主任候选人5人，通过本次选举选出了村民委员会主任1人，副主任4人，委员0人，且4个副主任中有3个副主任年龄都在20至30岁，其中一位放弃城市工作回村服务，另外两位都曾从事村中信息员工作，新鲜血液进入村委会班子。

12月14日，Q村召开选举大会，登记参加选举的选民有369人，有123人参加了选举大会，委托票246票，选举大会共发出369张选票，收回369张选票，369张选票有效，无弃权票和废票。确定主任候选人2人，副主任候选人4人，通过本次选举选出了村民委员会主任1人，副主任3人，委员0人。3个副主任中有一个是致富能手，还有一个较年轻，工作能力强。

表8-3　观察村选举大会投票情况

单位	总人口数(人)	登记参加选举的选民数(人)	参加选举大会的选民数(人)	发出票数(张)	委托票数(张)	有效票数(张)
J村	1997	220	165	220	55	218
S村	2220	377	247	377	130	336
Q村	1300	369	123	369	246	369

此外，在选举的前期准备环节，县、镇一级多次召开选举工作推进会，积极进行工作汇报，编辑出版了指导手册，并组织人员对村干部就选举的相关内容进行了培训。村一级一方面认真学习研究选举相关规程、法律，一方面通过各种会议积极宣传动员，使村民了解选举。在选民登记阶段，采用电话、短信等方式，同时参照往届选民名单，最大化登记了参选选民。在每个环节即将实施前，都召开了村民选举委员会和村民选举监督委员会会议，部署即将开展的工作，由村民选举委员会和村民选举监督委员会成员来实施。S村还建立了奖励机制，对村民选举委员会和村民选举监督委员会成员进行了工作经费的补贴，鼓励他们保质保量完成本项工作。三个村由于空心化都较严重，因此选举各个环节，包括选举大会工作人员，都全部由村民选举委员会和村民选举监督委员会成员来实施，他们多为老党员、乡贤或者老书记。同时，在选举工作进行过程中，H镇组织委员进行全程跟踪指导，并且组织召开工作汇报会议，听取各村选举工作的进度及基本情况，进行相关批示和指导。镇党委书记、党委副书记、副镇长也选取对应的环节进行观察指导，县民政局副局长及股长通过随机抽取几个村进行观察指导的方式，了解把握选举情况，三级共抓选举工作。在选举的关键环节，县、镇一级选举工作指导小组成员会参与指导和监督选举相关工作，此外，选举的所有环节、选举委员会的所有工作，都有选举监督委员会成员的参与，保证了整个选举工作的监督有力。

最终可以得出以下结论。首先，各村选举圆满完成，促进了政治精英的流动和村干部的年轻化。整个选举过程没有出现违法行为，各村选举工作平稳推进，县、镇、村一级都对选举工作比较重视，对观察员的工作积极支持和配合。更多的年轻力量、乡贤能人、致富能手进入了村民委员会，他们为村庄的未来建设和发展建言献策，贡献出自己的力量。其次，整个选举过程中新老干部发挥了极大作用。县、镇领导以及村干部具有极大的推动作用，尤其是退休的老书记、老干部，他们工作能力强，熟悉村中事务，也愿意为村委会换届选举这样的村中大事贡献自己的力量；县、镇领导的监督与指导也推动了选举工作的进行，营造了一种浓厚的选举氛围，无形中提高了村民参与选举活动的积极性。再次，村民民主意识得到提高，与村干部的联系日益加强。本次选举活动加强了村干部与村民的联系和沟通，密切了村干部与村民的关系，促进了村民对村干部工作的理解，使村民更加了解新任干部，减少村干部与村民之间的矛盾。同时，选举活动也增强了村民的民主意识，使他们认识到自己民主权利的重要性。最后，本次选举在顺利进行的同时，也存在一些问题，这些问题大多是源于城镇化的发展及农村的现实环境。

第三节 “登记选民与选民登记”的事实与争论

本次观察过程中出现了选民登记人数过少的新情况，接下来将从新情况的基本内容、产生原因以及对新情况的思考三个方面来进行阐述。

（一）基本内容

《中华人民共和国村民委员会组织法》和《湖北省村民委员会选举办法》均规定除依照法律被剥夺政治权利的人，凡年满十八周岁的村民，不分民族、种族、性别、职业、家庭出身、宗教信仰、教育程度、财产状况、居住期限，都有选举权和被选举权。本次观察的三个村中，具有选举权和被选举权的选民人数均超过各村总人口数的一半，而“选民登记”人数却过少，不足总人口数的30%，而在这样的情况下三村均完成了换届选举流程，这是本次换届选举过程中出现的新情况。那么，“登记选民”与“选民登记”有何区别？首先，登记主体不同。对于“选民登记”，选民是主体，其主观意愿决定自己是否要去登记。而“登记选民”的主体不是选民，选民只是作为被登记对象参与登记，其主观意愿并不能左右自己是否被造册登记。其次，登记的态度不同。作为“选民登记”的主体，选民对是否登记具有充分的自我控制权，去登记是主动行使权利，不去登记是主动放弃权利。而“登记选民”的控制权不在选民手中，选民处于被动参与状态，去登记是被动行使权利，不去登记是被动放弃权利。再次，确认选民登记人数的基础不同。“选民登记”以实际到站登记的选民人数为准，没有登记的就不计算在内。所以，“选民登记”的参选率可能不高。“登记选民”是以选举机构事先进行的户口摸底数为主，再结合实际到站登记人数为基础确定最终选民登记人数，其中选举机构的摸底数起主导作用。“登记选民”参选率一般比较高，但实际上存在一定的缩水现象。“登记选民”与“选民登记”，顺序不同的两组词语，到底为本次换届选举带来了哪些争议呢？

从各观察村选民登记人数占村总人口数比例饼图可以发现，三个观察村选民登记环节登记的选民数均过少，占三村总人数比例较低。J村总人口1997人，选民登记人数只有220人，占总人口数比例约为11.0%；S村总人口2220人，选民登记人数只有377人，占总人口数比例约为17.0%；Q村总人口1300人，选民登记人数只有369人，占总人口数比例约为28.4%。可见，三村选民登记人数均小于总人数的30%，且包含委托票数，也就是说，只有小部分人投票选举出了整个村委会成员。并且登记的选民，往往是留守村中的老人、妇女等。

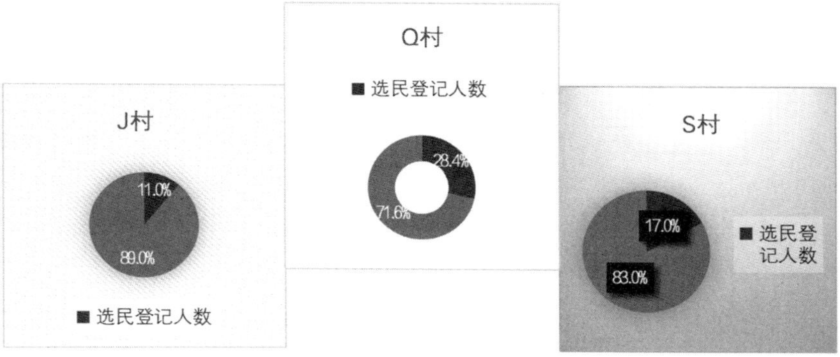

图8-2　各观察村选民登记人数占村总人数比例

1. 相关法律规定存在一定争议

根据《中华人民共和国村民委员会组织法》第十三条规定：年满十八周岁的村民，不分民族、种族、性别、职业、家庭出身、宗教信仰、教育程度、财产状况、居住期限，都有选举权和被选举权；但是，依照法律被剥夺政治权利的人除外。村民委员会选举前，应当对下列人员进行登记，列入参加选举的村民名单：（一）户籍在本村并且在本村居住的村民；（二）户籍在本村，不在本村居住，本人表示参加选举的村民；（三）户籍不在本村，在本村居住一年以上，本人申请参加选举，并且经村民会议或者村民代表会议同意参加选举的公民。根据这条规定，如果本人表示不参加，那就不予登记。但此条规定在现实情况中有很大难度：部分村庄由于外出打工人数较多，存在空心化现象，有些村干部在“选民登记”这一环节中默认那些在外打工的人不愿意参加而不去登记其信息，最终被排除在“登记选民”这一人数之外。这一行为就忽视了愿意行使或者很重视自己的选举权和被选举权的外出务工村民。

最终出门在外的村民基本被排除，那么剩下的就主要是村中那些留守的老人和妇女。

2. 难以凝聚村庄共同体意识

村民委员会换届选举是村庄治理的重要内容，也是凝聚村庄共同体意识的基础环节，其基本目标在于“维系村庄共同体和改善村庄共同体治理”①。进一步培育外出务工人员的乡村共同体意识，可持续地激活和复兴村庄的共同体意识，是持久建设村庄家园的内在动力，也是激发村民关心和支持家乡的源头活水。但若村民委员会换届选举“选民登记”人数过少，村委会换届选举可能导致参与投票人群的固化和村民观念的固化，形成“每年都是这些人”“投谁都一样”等观念。村民疲于参加投票，村干部疲于更新选民登记名单，导致每届投票都是固定的人参与，投票程序成为一种形式和任务，难以形成或唤醒其村庄共同体意识，使得村庄共同体的治理走向新的困境。

3. 易影响选举活动的政治权威性

选举活动是神圣而庄严的，它深刻体现了基层民主自治，是村民行使自己民主权利的最好体现。而选民登记人数和村中总人口数差距过大，选举大会人数过少，一定程度上会影响选举活动的政治权威性，降低选举活动在村民心中的地位，易导致村民对选举失去兴趣，对基层自治失去信心。

选民登记是组织和进行村委会选举的基础性工作和必备的法定程序，是指村民选举委员会按照有关法律法规的规定，对在本次本村村委会选举中哪些村民具有选民资格进行认定的活动和对全村具有选民资格的村民进行人数统计的工作。选民登记是确认公民享有选举权的一道法律程序。从我国目前的选民登记模式看，以选举机构主动登记选民为主，没有强制选民登记的法律规定，选民不登记的行为并没有受到国家强制力的约束，因此蕴含着公民权利自愿行使的理念。可以说，我们目前的做法实际上是“登记选民”，还没有真正做到“选民登记”。据悉，本次观察的很多村将选民登记和登记选民分开了，有两份名单，一份是全村年满 18 岁的人员名单，另一份是实际选民登记名单，也就是愿意参加选举投票的人员名单。大多数基层

① 仝志辉：《村委会选举的村庄治理本位：从户内委托辩难走向选举权利祛魅》，载《中国农村观察》2016 年第 2 期。

干部分不清“选民登记”和“登记选民”，往往会导致基层选举中的一些问题。

（二）产生原因

此种新情况产生最根本的因素是经济因素，同时，村民素质、村干部的惰性一定程度上也造成了此种新情况的产生。

1. 农村经济基础薄弱以及基础设施不完善

经济基础决定上层建筑，而农村由于特殊的地理位置以及交通条件，经济基础往往较薄弱、基础设施建设也相当落后。生活在农村的村民，必须先解决生活问题，在生活问题解决的基础之上才会关注其他的如政治活动，而农村的闭塞环境无法为他们提供足够的经济来源，因此很多村民奔向城市务工，农村空心化加剧，距离的阻隔和繁忙的工作使他们不会关注自己政治权利的行使，更不会关注家乡的选举活动。因此，他们不会去关注选民登记，或者干脆放弃投票权，认为投不投无所谓。农村的经济条件无法留住年轻人，导致了农村空心化的加剧、常住人口的减少、选举参与主体缺乏，加之出门在外的村民往往不愿参与，由此造成了选民登记人数过少。

2. 村民文化素质较低，政治参与意识薄弱

除了经济因素外，村民素质也起到了很大的影响作用。农村教育资源稀缺，传统封建文化影响深远，造成了人口素质不高，他们往往不明白为何选举，也不懂得自己民主权利的重要性，对于政治往往表现出冷漠态度，政治参与意识薄弱。外出打工的村民即使知道自己拥有选举权，往往也因为不明白其重要性而放弃，一些常住本村的村民也将参与选举放在次要的位置，认为可有可无。究其根本，还是村民文化素质较低，法律知识欠缺，政治参与意识薄弱，他们大多认为选举与自己没有多大的关系，因此也就不愿参与进来，选民登记人数自然也就达不到一个令人满意的水平。

3. 村干部对实际情况掌握不足

选民登记环节由于程序比较繁琐，需要的人力物力财力都较多，还要付出大量时间，因此对于每天承受着大量繁杂村务的村干部来说不是一件短时间就能完成的事。有些村干部在选民登记过程中照搬往届名单，或者不去更新外出务工的本村人员的联系方式，联系不到也就不再联系。有些村干部缺少对村中实际情况的全面掌握，不会亲身调查研究，也不会趁着过年

去更新务工人员的名单和联系方式，这就造成了很多外出务工人员即使想委托代投，也找不到路径，一定程度上影响了选民登记人数的增加。

第四节　换届选举工作中的问题与原因

在本次观察过程中，虽然三个村都顺利完成了换届选举，采用了一些创新做法，并未出现严重违法违规行为，但是也不可避免地出现了一些问题。

一、宣传动员工作略显不足

虽然县镇一级在前期的宣传工作上做出了安排与规划，但仍显不足，宣传动员工作需进一步落实。三个村村中很少见到与选举相关的新标语，大多是遗留下来的旧标语。选民对选举工作知情度低，了解渠道少，大多只能通过村干部通知参会的方式了解，不利于村民知情权的保障与政治积极性的调动，一定程度上影响了更多村民参与选举活动。这种情况的出现一方面由于村干部工作任务繁重，在村中各地张贴标语本来就需要一定的人力物力和时间成本，村干部抽不出时间去张贴标语、搞宣传；另一方面是县镇一级只是强调宣传，而宣传的具体做法缺乏新意和有效性，导致了村民对选举工作的知情度低。

二、选民登记工作较为粗糙

选民登记工作是整个村委会换届选举工作中极其重要的一环，是搞好村民委员会换届选举的基础，也是维护村民依法享有选举权利的保障。选民登记工作需要进行周密的前期准备，在登记阶段必须做到不错登、不漏登、不重登、不强登。要深入了解村中村民情况，明确登记对象，对于户籍在本村，不在本村居住的村民，也要履行告知义务。但是本次选举过程中，三个村都或多或少存在选民登记工作较为粗糙的情况，为了赶上镇一级规定的时间节点，迅速完成了选民登记工作，前期没有充分准备，没有真正去了解选民的情况，借助以往的名单粗糙地完成选民登记，难以达到精细化。选民的造册登记也较为粗糙，缺少关键信息，需进一步完善。此种情况的出现一方面因为村干部忙于繁杂的村务，他们往往被各种村务及接待占用了大量时间，忙于扶贫、产业等事务，抽不出时间来使选民登记工作精细化；另一方面是因为村委会工作人员短缺，难以展开大规模的选民登记工作，往往只有一两个信息员，在短时间内难以实现精细化操作。

三、选举程序趋于形式化

本次选举整个过程中，许多环节带有形式主义色彩，村民像是在完成任务。如在村民的举手表决过程中，许多村民往往全程并不关注会议内容，而只是在等待举手表决的那一刻，举手就算完成了任务。在投票选举阶段，选民带有往届遗留的不规范写票思想，三个村的大多数选民在写票时都是票一发到手便立即填完，选民出席选举大会普遍带有完成任务的性质，大多数选民填完选票立即投票，然后迅速离场，不关注唱票、计票过程与选举结果，因此在宣布投票结果时，多数大会现场没有几个村民留下。此种情况的出现有着复杂的历史遗留因素，往届遗留的不规范投票思想根深蒂固，无法短时间纠正。同时，村庄经济基础薄弱，村民文化素质低，政治意识、权利意识的淡薄也导致了此种现象的产生。

四、各村没有充分的自主权

本次选举的整个方案以及时间安排都是由镇一级统一进行安排统筹，各村都按照一个统一方案进行，没有属于自己的详细方案，在规定的时间段必须完成相应的工作，不得过度拖延。这就导致各村不具备充分安排选举工作的自主权，各项工作堆积在一起，时间紧，任务重，就必然会导致因赶时间而无法精细化选举工作的现象。统一的方案弱化了各村自由安排本村选举工作各项事务的自主权，无形中加重了村干部负担，不利于选举工作的精细化。此种情况的出现是由于各村干部对选举的合法程序与具体做法了解不足，镇一级采取了统一包办的方式，制定了统一的方案，并且定期组织培训，召开工作推进会。统一的方案虽一定程度上推动了选举工作的进行，但是各村的具体情况不尽相同，不能用统一的标准来规定所有村，要在一定程度上尊重各村的实际情况，让他们拿出自己的选举工作方案，同时加强指导，更好地完成选举工作。

五、村干部素质仍需提高

村干部素质是制约各项工作又好又快完成的重要因素,也影响着全村的发展。本次换届选举过程中,村干部往往对选举的法律法规理解存在偏差,导致换届选举过程中出现了一些不规范的地方。如把“秘密写票处”理解为“秘密代写票处”,票箱的设置不规范等。整个选举的程序受往届遗留的不规范操作影响较大。由于文化素质较低,部分村干部即使是经过培训,也无法形成对选举工作的清晰认识,要么完全听从镇一级的统一安排,要么在摸索中前进,极易出现一些不当操作。此种现象的产生离不开村庄的空心化,越来越多的青壮年离开了乡村到城市谋发展,导致乡村逐渐成了老龄化社会,高素质人才都被城市吸收,乡村的建设缺乏后备力量。

第五节　基于观察工作的思考与建议

一、创新宣传形式,多种形式宣传

一是有效利用各种村民集会。在进行选举宣传时,要充分利用村民能够聚到一起的各种集会,例如广场舞、宴席等,借助这样的机会对选举的相关法律、规则等关键内容进行大力宣传,并号召村民积极参与选举。同时充分利用党员的相关集会活动进行宣传,号召党员大力动员村民参与选举活动。二是积极张贴标语海报。在选举前期准备工作阶段要认真设计并张贴有关选举的标语、海报,发放手册或宣传单。在设计上要力求简洁易懂并且醒目,能够使村民快速了解到要传达的信息。张贴位置应当覆盖村中各地,选取村民流动量大、最能够被村民看到的地方。三是要大力借助信息化手段进行选举宣传。有效利用手机、电话、短信或者QQ、微信以及村中广播等工具进行宣传,采用此方法前应充分把握村中手机或其他信息化工具的使用率,在此基础上选取合适的工具进行宣传,实现宣传的最大化覆盖。

二、提高干部素质,培养后备力量

一是搭建学习交流平台。县、镇一级要积极搭建供各村两委干部交流学习的平台,通过信息化平台的搭建或者统一的学习交流会,使各村“两委”干部互相交流学习先进的工作方法、现行的法律法规、选举的基本程序等,提高村干部的素质和工作能力,推动创新工作方法。二是建立教育培训机制。县、镇一级要加强对村干部的培训,通过党校、各基层党组织,以及农村党员活动室等对村干部进行常态化的培训,要建立经常性的党员干部教育,形成多方共促的教育培训机制,使村干部真正了解选举,形成对选举各项工作的清晰认识。三是要建立后备人才库。面对农村基层干部后备人才严重缺乏的现状,必须加紧建立各村的后备人才库,要使有志从事农村工作、热心服务农民的青壮年以及乡贤能人、致富能手进入后备人才库,保证有充足的基层干部的后备人选,从而推动选举工作各环节的精细化。

三、革新村民观念,提高村民素质

一是纠正不规范选举行为。要对村民的不规范选举行为进行纠正,尤其是在投票环节,要用通俗易懂的语言对往届不规范的选举行为进行否定,同时细心讲解规范的投票方式,也可通过投票前集体观看宣传教学片或亲自示范,使村民意识到自己民主权利的重要性,从而根除往届遗留的不规范写票投票思想,革新村民对选举的认识。二是要加强对村民的政治、法律教育。通过开设学习班、集体学习选举法律法规、发放选举法律手册等方式,使村民了解选举相关法律,认识选举的重要性,从而促进他们民主意识的觉醒,增强他们的政治参与意识,提高村民素质。三是发挥党员、乡贤的引导作用。党员和乡贤最了解村中情况,并且在村民中具有一定的威望,由他们来带头进行宣传引导,会起到非常不错的效果。要充分发挥党员、乡贤的作用,对他们进行培训,使他们深入群众,以通俗易懂的语言把选举相关法律法规、规范程序通过各种交谈方式传达给村民,从而增强村民的政治意识、民主意识,革新村民遗留的旧思想,提高村民素质。

四、引入年轻力量,注入新鲜血液

一是积极寻找和发掘年轻力量。要通过各种途径和渠道,寻找和发掘潜在的年轻力量,引导他们进入村“两委”。时刻了解在外谋生返乡创业青壮年的思路和想法,利用他们对家乡的情怀,引导他们服务村民和建设村庄。同时要发掘本村的无业青年,对他们的各方面进行考核与评估,引导他们进入基层,为村庄的美好未来贡献自己的青春与力量。二是要大力培养和引导年轻力量。对发掘的年轻力量进行充分的培养和引导,使他们具备责任感与优秀的工作能力,同时掌握先进的工作方法。要让他们跟随村支部书记或具备丰富工作经验的村干部的脚步,积极参加村中各项事务处理的实践,不断学习各种规章制度,适应基层工作节奏,保持高度的工作热情。三是要给他们预留足够的发展空间。年轻力量一般都具有昂扬向上的斗志,他们可能不甘心一辈子都在基层,久而久之会造成人才的流失。面对这种情况,必须给年轻力量充足的上升空间,县、镇一级要通过干部遴选等方式,使优秀的中青年村干部有机会进入更高的工作平台,提高年轻力量的工作积极性,年轻力量也会更愿意留在基层,为基层注入新鲜血液。

五、发展农村经济,激发政治热情

一是加大精准扶贫力度。扶贫工作对乡村经济发展、基础设施完善、生态环境改善等有着非常重要的意义。农村空心化的直接原因便是农村经济的落后,青壮年劳动力流向城市,极大影响了农村的建设。加大精准扶贫力度,使更多的城市干部进入农村对口帮扶村民,推动更多农民脱离贫穷。农民只有脱离贫穷,才会关注自己的政治生活,愿意为村庄发展建言献策。二是要有效提高农民收入。要通过发展农村产业、改革农村土地制度等方式切实提高农民收入,要在农村创造更多的就业岗位,使村民不用外出务工就能有不错的收入,提高农民的生活质量。只有农村经济基础强大了,农村才能真正留住人。农民收入提高了,生活无忧了,他们才会有更强的政治参与积极性。三是要在选举活动和经济活动中凸显村民利益的相关性。要使村民觉察到这些活动跟自己的利益有着极强的相关性,从而推动他们主动参与进来。